HENRI LEWIS

ENQUÊTE AU MUSÉE

L'AFFAIRE KENSINGTON

Le livre a été imprimé pour la première fois au Royaume-Uni en 2023, sous le titre *The Museum Heist*, par les éditions Sphere.

PAPIER CERTIFIÉ

Crédits iconographiques :
© AdobeStock Images, © Shutterstock, © iStock et © Noun Project
Toutes les autres images sont de Rebecca Pitt et d'Emil Dacanay.

Pour l'édition française
Traduction de l'anglais: Dominique Dravet
Relecture: Anaïs Achard
Mise en pages: Graph'M

Imprimé en Espagne par Estella, en juin 2024.
Pour le compte des éditions Hachette Livre (Marabout)
58, rue Jean Bleuzen
92170 Vanves

6330672
978-2-501-18542-4

Dépôt légal: septembre 2024

HENRI LEWIS

ENQUÊTE AU MUSÉE

L'AFFAIRE KENSINGTON

MARABOUT

L'AGENCE DES MYSTÈRES

Cher Agent,

Bienvenue à l'Agence des mystères. Nous sommes sans cesse à la recherche de personnes perspicaces et astucieuses, capables de résoudre des énigmes et de déchiffrer des messages codés. Si vous percez le mystère du cambriolage du musée, une place dans notre équipe vous est réservée.

Au mois de février de l'année 1926, une pierre précieuse de grande valeur, l'Œil du Tigre, a été volée au musée de Kensington. C'est le détective Jane Waterstone qui était chargée de l'enquête.

Serez-vous capable de retracer les étapes de l'enquête et de résoudre l'affaire ?

Bonne chance !

N Shrewy

M. Neil Shrewy,
Directeur,
L'Agence des mystères

L'AGENCE DES MYSTÈRES

M. Neil Shrewy
Directeur
L'AGENCE DES MYSTÈRES, LONDRES

L'AGENCE DES MYSTÈRES, LONDRES

Cinq choses à savoir avant de commencer...

1. *Pages à découper :* découpe les six pages qui suivent et remplis-les au fur et à mesure. Les quatre premières pages sont les fiches des suspects. Elles comportent une description des huit suspects. Tu pourras les remplir d'indices au fil de ton enquête. Ensuite, vient le rapport où tu pourras consigner tous les détails du crime. Enfin, tu trouveras un plan du rez-de-chaussée que tu devras annoter au fur et à mesure que tu exploreras le musée de Kensington.

2. *Portes verrouillées* au fur et à mesure que tu te déplaceras dans le musée, tu te retrouveras face à des portes verrouillées. Tu devras trouver les combinaisons des serrures pour pouvoir continuer tes recherches. Sur toutes les pages des portes verrouillées figure un QR code. Scanne-le avec ton téléphone portable, consulte la page Internet et saisis la combinaison. (Si ton téléphone portable n'a pas d'appareil photo, tu trouveras les adresses Internet complètes à la page 128.)

3. *Résoudre les énigmes pour élucider le crime.* Chaque double-page contient une énigme. Quand tu les auras toutes résolues, tu auras assez d'indices pour résoudre le mystère.

4. *Procéder par élimination :* les huit suspects ont un mobile, mais cette affaire est particulièrement ardue, car il n'y a pas qu'une seule preuve qui permette de déterminer qui est le voleur. Il existe en revanche toute une série d'indices qui, mis bout à bout, te donnera la possibilité d'éliminer sept suspects, n'en laissant qu'un seul : le voleur. Ta tâche consiste à écarter ces sept suspects pour identifier le coupable.

5. *Indices :* même le plus brillant détective a besoin d'aide de temps à autre. Alors, si tu te retrouves dans une impasse, ne panique pas ! Les indices et les solutions figurent à la fin du livre à partir de la page 129, et sur Internet à cette adresse : themysteryagency.com/hints.

ENQUÊTE AU MUSÉE

SUSPECT A

Nom ....

Date de naissance.......................................

Poste ....

Taille .... Poids ....

Pointure ..... Type d'empreinte.........

Numéro de poste.....Crochet pour les clés . .

Clés ....

....

Signe astral..

Mobile ....

....

Notes ....

....

.... Éliminé ☐

SUSPECT B

Nom ....

Date de naissance ....

Poste...

Taille .... Poids ....

Pointure ..... Type d'empreinte.........

Numéro de poste....Crochet pour les clés . .

Clés ....

....

Signe astral ....

Mobile ....

....

Notes...

....

.... Éliminé ☐

L'AGENCE DES MYSTÈRES

SUSPECT C

Nom ....

Date de naissance ....

Poste ....

Taille .... Poids ....

Pointure ..... Type d'empreinte..........

Numéro de poste..... Crochet pour les clés..

Clés ....

....

Signe astral ....

Mobile ....

....

Notes ....

....

.... Éliminé ☐

SUSPECT D

Nom ....

Date de naissance ....

Poste ....

Taille .... Poids ....

Pointure ..... Type d'empreinte..........

Numéro de poste .... Crochet pour les clés...

Clés ....

....

Signe astral..............................

Mobile ....

....

Notes ....

....

.... Éliminé ☐

L'AGENCE
DES
MYSTÈRES

SUSPECT E

Nom ....

Date de naissance..........................

Poste......................................

Taille .... Poids ....

Pointure ..... Type d'empreinte..........

Numéro de poste..... Crochet pour les clés..

Clés.......................................

....

Signe astral...............................

Mobile ....

....

Notes ....

....

.... Éliminé ☐

SUSPECT F

Nom ....

Date de naissance..........................

Poste......................................

Taille .... Poids ....

Pointure ..... Type d'empreinte..........

Numéro de poste..... Crochet pour les clés..

Clés.......................................

....

Signe astral...............................

Mobile ....

....

Notes ....

....

...........................Éliminé ☐

L'AGENCE DES MYSTÈRES

SUSPECT G

Nom ....

Date de naissance ....

Poste ....

Taille .... Poids ....

Pointure ..... Type d'empreinte ....

Numéro de poste .... Crochet pour les clés ..

Clés ....

....

Signe astral ....

Mobile ....

....

Notes ....

....

.... Éliminé ☐

SUSPECT H

Nom ....

Date de naissance ....

Poste ....

Taille .... Poids ....

Pointure ..... Type d'empreinte ....

Numéro de poste .... Crochet pour les clés ..

Clés ....

....

Signe astral ....

Mobile ....

....

Notes ....

....

.... Éliminé ☐

L'AGENCE DES MYSTÈRES

RAPPORT

Objet volé ....

Date du vol ....

Heure du vol entre .... et ....

Lieu du délit ....

....

....

....

Point d'accès ....

....

....

....

Indices trouvés sur la scène du délit ....

....

....

....

....

....

....

Est-ce que le voleur est entré par la force ?

Oui ☐ Non ☐

Taille du voleur

....

Pointure du voleur

.... ou ......

Type d'empreinte du voleur

.... ou ....

L'AGENCE
DES
MYSTÈRES

MUSÉE DE KENSINGTON REZ-DE-CHAUSSÉE

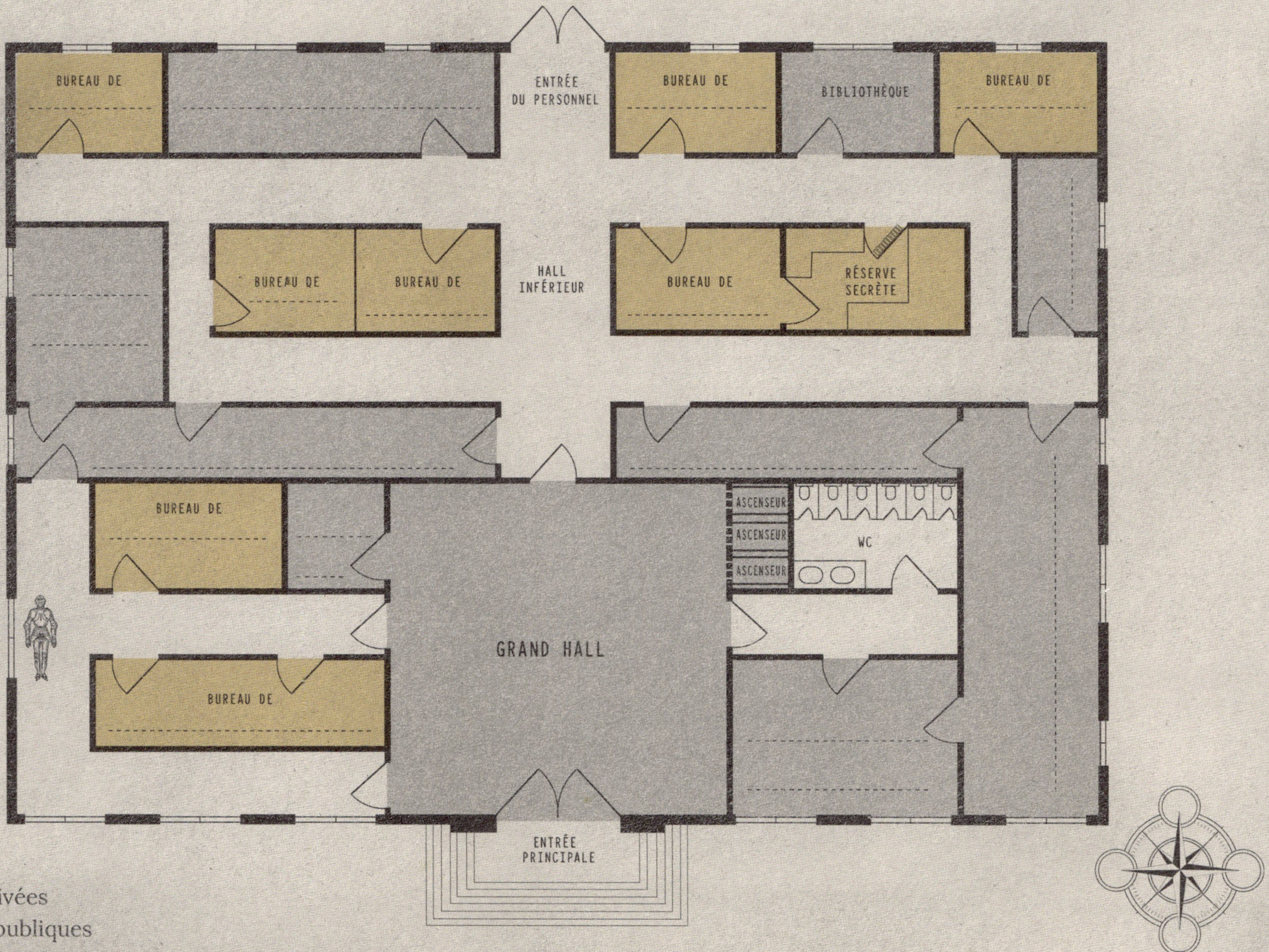

Pièces privées
Galeries publiques

L'AGENCE DES MYSTÈRES

L'AVENTURE COMMENCE

PAR UNE NUIT CLAIRE ET SILENCIEUSE, je marchais le long d'une rue pavée sombre en direction du musée de Kensington. En effet, plus tôt dans la soirée, une pièce de très grande valeur avait disparu : on m'avait chargée de l'enquête et demandé, si possible, de retrouver l'objet dérobé, une vieille pierre précieuse appelée l'« Œil du Tigre », estimée à plus de 50 000 livres. J'avais déjà enquêté sur une centaine de vols tout au long de ma carrière à l'Agence et certains de ces cambriolages concernaient des biens d'une valeur inestimable, mais c'était la première fois que je me penchais sur un cas où l'objet volé était sous le coup d'une malédiction.

KENSINGTON MUSEUM

LE MUSÉE DE KENSINGTON

Je contemplai la magnifique façade du musée. Je l'avais déjà visité lors de recherches au cours d'une autre affaire. C'était un matin d'avril et je me souvenais encore, avec plaisir, avoir travaillé une heure ou deux dans la bibliothèque baignée de soleil de l'établissement. Comme le musée était fermé, je passai par l'arrière du bâtiment pour rejoindre l'entrée du personnel. Sur le chemin, je me rendis compte que mes souvenirs de la bibliothèque me permettaient d'ajouter d'ores et déjà une précision au plan que j'avais fait du bâtiment.

ÉNIGME

Peux-tu inscrire correctement les quatre points cardinaux de la boussole en bas à droite de la carte ?

MADAME ELIZABETH KNIGHT | SUSPECT

À peine avais-je sonné à la porte que j'entendis le bruit de deux grosses serrures se déverrouiller de l'intérieur. La large porte s'ouvrit et une femme rondelette et sympathique apparut. Elle portait un chemisier plissé, une jupe longue en laine à carreaux et une paire de lunettes demi-lune pendait à son cou.

« Bonjour, je cherche Elizabeth Knight, la directrice du musée.

— C'est moi, répondit-elle en souriant et en me serrant la main à la manière d'un homme d'affaires. Vous devez être l'inspectrice à laquelle j'ai parlé au téléphone.

— Jane Waterstone, dis-je en entrant.

— Je vous remercie de venir aussi vite, ajouta-t-elle en consultant une toute petite montre qu'elle portait attachée à un très large poignet. Vos agents de police ont déjà délimité la scène du crime. Suivez-moi. »

Nous parcourûmes un large hall. Je jetai des coups d'œil à droite à gauche, fascinée par les objets anciens et par les tableaux impressionnants qui s'alignaient partout le long des murs.

« J'ai été obligée de réquisitionner les couloirs, car il n'y avait plus de place dans les galeries, me précisa-t-elle en grimaçant. Ne vous inquiétez pas, vous vous repérerez vite. Il suffit de vous souvenir que l'on ne peut se rendre à la salle d'histoire médiévale que par la galerie d'art moderne. Mais on peut arriver à la galerie d'histoire naturelle et à l'aile de l'astronomie par le hall des antiquités.

Nous disposons de deux galeries publiques plus petites, le hall des insectes et le hall des minéraux, qui est situé en face des ascenseurs. On se sent un peu à l'étroit dans la galerie d'histoire naturelle et dans le hall des minéraux, mais toutes les autres galeries publiques ont des fenêtres. Si vous les ouvrez, n'oubliez pas de mettre la chaîne de sécurité, nous avons déjà bien assez à faire ce soir avec les objets qui disparaissent dans la nature. »

— Bien sûr, répondis-je, un peu étourdie par cette masse d'informations. Mais après un instant de réflexion et après avoir étudié le plan du rez-de-chaussée, je me rendis compte que je savais à présent où se situaient toutes les galeries publiques du musée.

Musée de
KENSINGTON

GALERIES PUBLIQUES

Galerie d'histoire naturelle
Hall des antiquités
Hall des insectes
Galerie d'art moderne
Aile de l'astronomie
Hall de la technologie moderne
Salle d'histoire médiévale
Hall des minéraux

ÉNIGME

Peux-tu inscrire au bon endroit les huit galeries publiques sur le plan du rez-de-chaussée ?

LE GRAND HALL | LA SCÈNE DU CRIME

Une demi-douzaine d'agents de police s'affairaient déjà à sécuriser la scène de crime quand nous entrâmes.

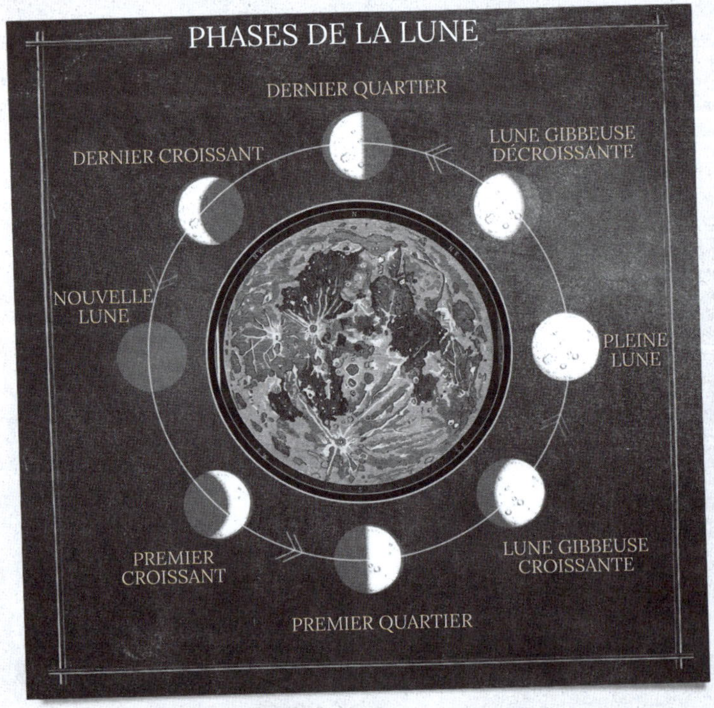

« Inspecteur Waterstone ! » Une voix accueillante se fit entendre dans le hall. C'était l'agent Waddington, un jeune lieutenant enthousiaste que j'avais déjà rencontré.

« J'ai donné l'ordre d'évacuer les lieux comme le veut le protocole, m'dame, me dit Waddington avec un accent londonien à couper au couteau. C'était le genre d'agent qui se faisait un devoir de jargonner.

— C'est ici que l'Œil du Tigre a été vu pour la dernière fois, me dit-il en désignant une vitrine vide au centre du hall.

— Il était présenté au public toute la journée, m'informa la directrice. Dès la fermeture du musée, le gardien a fermé toutes les portes donnant sur le grand hall. Il a verrouillé les ascenseurs puis balayé comme il le fait toujours. Cela lui prend une demi-heure. Ensuite, il est sorti du grand hall en passant par la porte Est qu'il a refermée derrière lui. Deux minutes plus tard, alors qu'il était en train de ranger ses clés dans l'armoire, il a entendu un bruit tonitruant dans le grand hall. Il s'est précipité dans la salle et a découvert que la porte Nord-Ouest était ouverte. La vitrine en verre était déboulonnée et l'Œil du Tigre avait disparu.

— Ces boulons sont serrés d'une main de fer, me dit Waddington avec son fort accent. Celui qui a ouvert la vitrine doit avoir une sacrée poigne !

— Y a-t-il d'autres voies d'accès ? demandai-je en inspectant moi-même les boulons.

— Seulement l'entrée Est par laquelle vous êtes venus tous les deux, mais elle est toujours verrouillée de l'intérieur. Il est impossible que quelqu'un d'autre soit entré, ce qui veut dire que... Madame Knight se figea.

— Ce doit être quelqu'un qui était déjà dans le bâtiment. Un membre de votre personnel ? demandai-je.

— C'est possible, murmura-t-elle, déconfite. Avec le gardien, nous étions huit dans le musée au moment où la pierre a été volée. J'ai mis en sécurité toutes les clés du personnel dans l'armoire. Si vous avez besoin de consulter les fiches de nos employés, elles se trouvent au sous-sol.
(Suite à la page suivante)

Bienvenue
au musée de
Kensington
Œil
du Tigre

LE GRAND HALL | LA SCÈNE DU CRIME SUITE

— Merci, répondis-je.

Madame Knight tenta de sourire.

— Bon, je vais vous laisser mener votre enquête. Les autres s'attendent à votre visite. Si vous avez besoin de quoi que ce soit, mon bureau se trouve à côté du hall, sur la droite. »

Je la remerciai pour son aide et je la vis traverser le hall. Au moment où elle arriva à la porte Est, elle se retourna et me dit : « Certains membres de mon équipe sont un peu… difficiles à gérer, disons. Bonne chance ! »

Sur ce, elle disparut par la porte. Je pris mon rapport. « Est-ce que Madame Knight vous a donné des indications sur l'heure du vol, Waddington ?

— Affirmatif, m'dame. J'ai tout noté, dit-il fièrement, en feuilletant son carnet. L'Œil du Tigre a été vu pour la dernière fois à… oh non ! C'est la date du mariage du sergent que j'ai inscrite ce matin. Il marmonna tout en continuant à chercher les renseignements. Un instant, m'dame, je les ai. Oh non ! C'est ma liste de courses. Attendez… »

J'avais du mal à ne pas sourire tandis que l'agent Waddington continuait à tourner les pages de son carnet poisseux, mais en regardant tout autour du Grand Hall, je me rendis compte que j'avais la réponse à ma question.

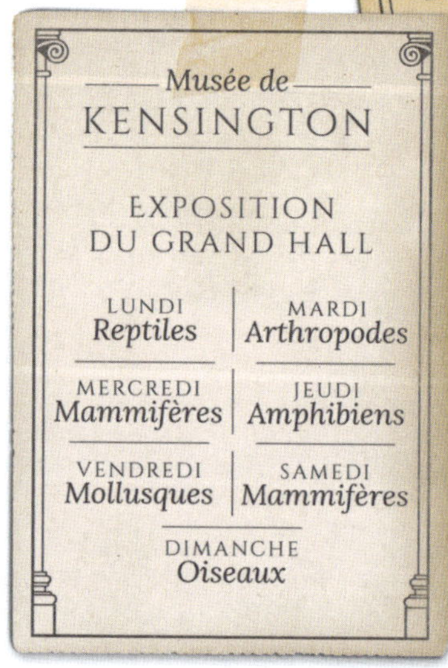

1926 FÉVRIER 1926

LUNDI	MARDI	MERCREDI	JEUDI	VENDREDI	SAMEDI	DIMANCHE
1 lune gibbeuse décroissante	2	3	4 dernier quartier	5	6 dernier croissant	7
8	9	10	11	12	13 nouvelle lune	14 premier croissant
15	16	17	18	19	20 premier quartier	21
22 lune gibbeuse croissante	23	24	25	26	27 pleine lune	28

ÉNIGME

Peux-tu trouver la date et l'heure du vol ? (Une fois que tu as terminé, inscris ces indications dans ton rapport.)

ÉNIGME

Quelles sont les trois pointures qui pourraient appartenir au voleur ?

EMPREINTES | INDICE

« J'ai trouvé ! » cria l'agent Waddington, en brandissant son carnet en signe de victoire.

« C'est trop tard, Waddington, j'ai déjà trouvé.

Pourquoi n'iriez-vous pas enquêtez dans les environs ? » suggérai-je, en partie je l'avoue, pour me débarrasser de l'agent, même si cela serait bien pratique de recueillir des témoignages fiables. »

« Oui m'dame », me répondit le lieutenant, tout content d'avoir de nouvelles responsabilités. Il se précipita vers les portes principales et disparut dans la nuit.

Je poussai un soupir de soulagement et me dirigeai vers la vitrine en verre où était exposé l'Œil du Tigre. Je remarquai une vague empreinte de pas à côté sur le sol en marbre. Puisque le gardien avait balayé à cet endroit, cette marque de pied devait appartenir au voleur.

Je pris ma règle en bois et la posai sur le sol.

Je me rendis compte que je ne pouvais pas distinguer d'empreinte précise, mais que je pouvais en déduire au moins trois tailles de pied.

LISTE DES POINTURES

Longueur (en pouce)	Taille de la chaussure
$9\frac{2}{3}$-$10\frac{1}{3}$	4
10-$10\frac{2}{3}$	5
$10\frac{1}{3}$ -11	6
$10\frac{2}{3}$-$11\frac{1}{3}$	7
11-$11\frac{1}{3}$	8
$11\frac{1}{3}$ -12	9
$11\frac{2}{3}$ -12	10
12-$12\frac{2}{3}$	11
$12\frac{1}{3}$ -13	12
$12\frac{2}{3}$ -13	13
13-$13\frac{2}{3}$	14

HIÉROGLYPHES | INDICE

Après avoir noté les trois tailles de pied possibles, je me dirigeai vers la porte Est en remontant le hall. Je remarquai une grosse dalle en pierre accrochée au mur, qui comportait des hiéroglyphes égyptiens. En face, sur un mur, se trouvait une autre dalle.

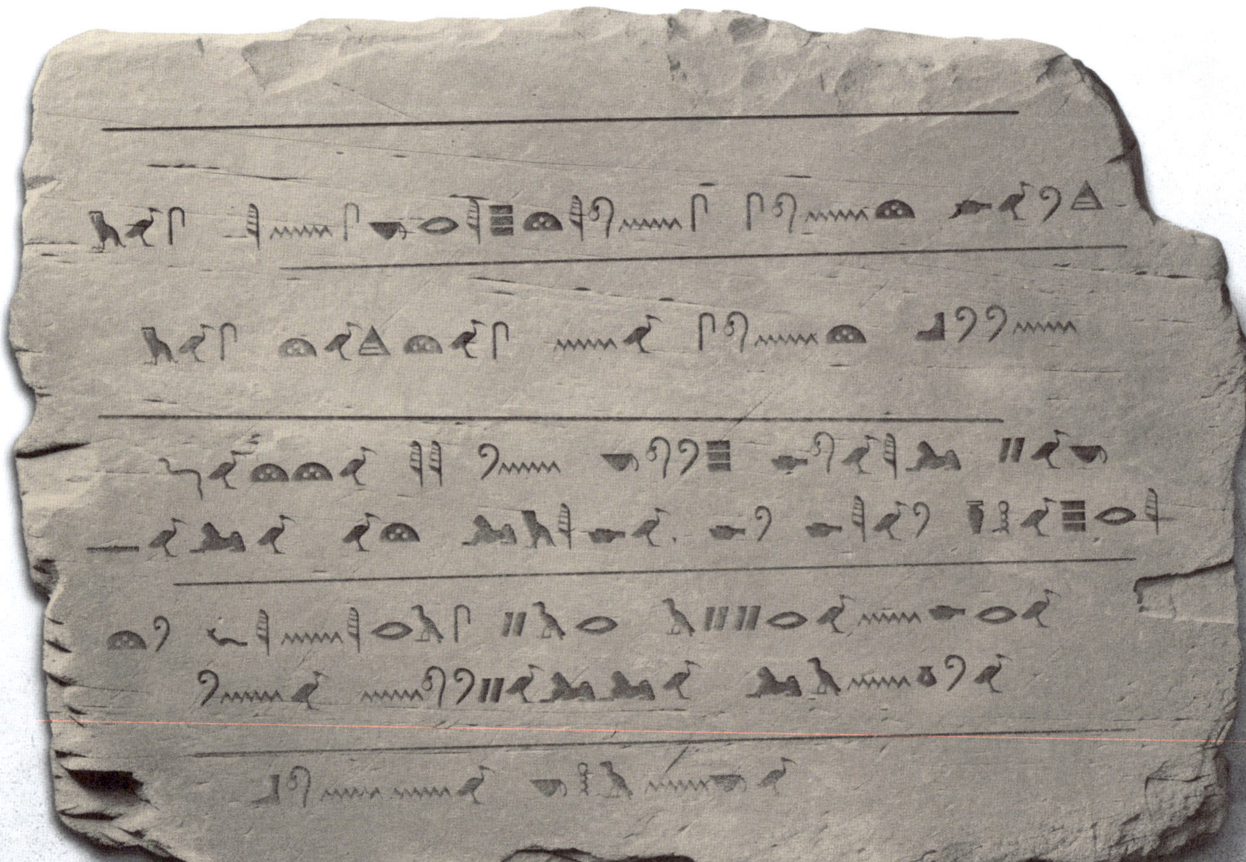

ÉNIGME

Peux-tu déchiffrer les hiéroglyphes à partir des deux dalles en pierre ?

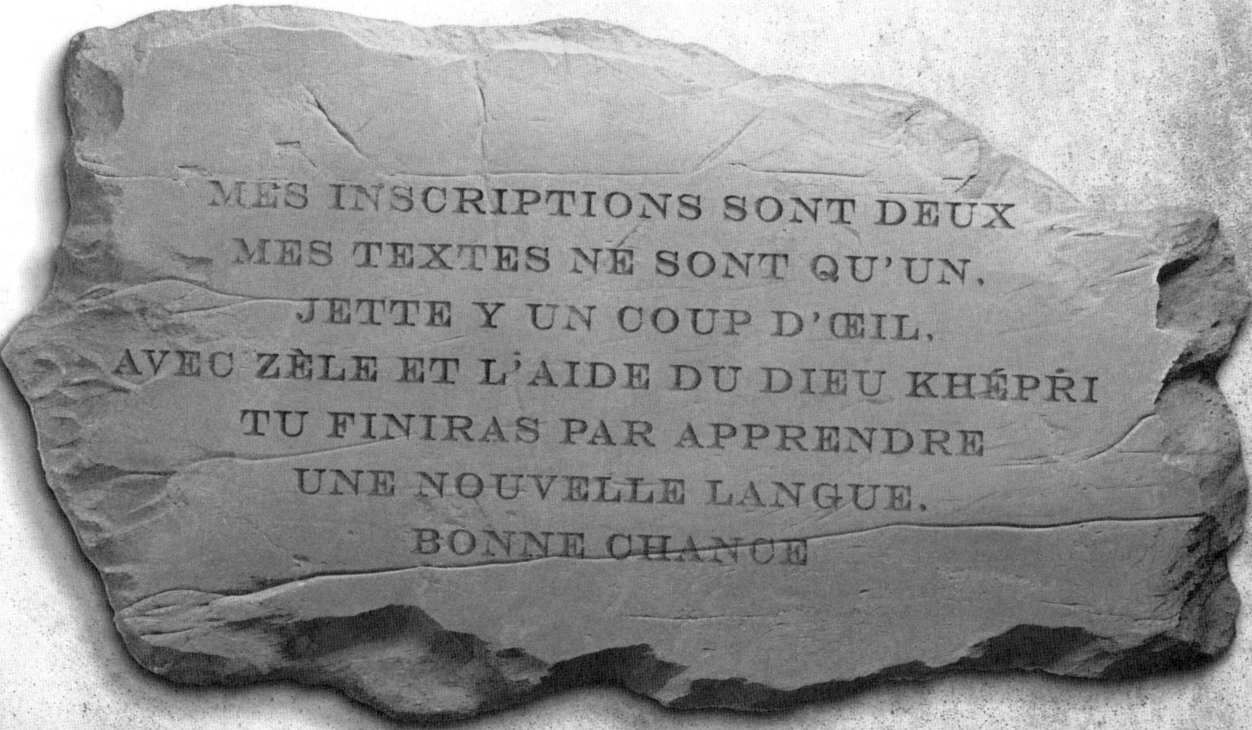
MES INSCRIPTIONS SONT DEUX
MES TEXTES NE SONT QU'UN.
JETTE Y UN COUP D'ŒIL,
AVEC ZÈLE ET L'AIDE DU DIEU KHÉPRI
TU FINIRAS PAR APPRENDRE
UNE NOUVELLE LANGUE.
BONNE CHANCE

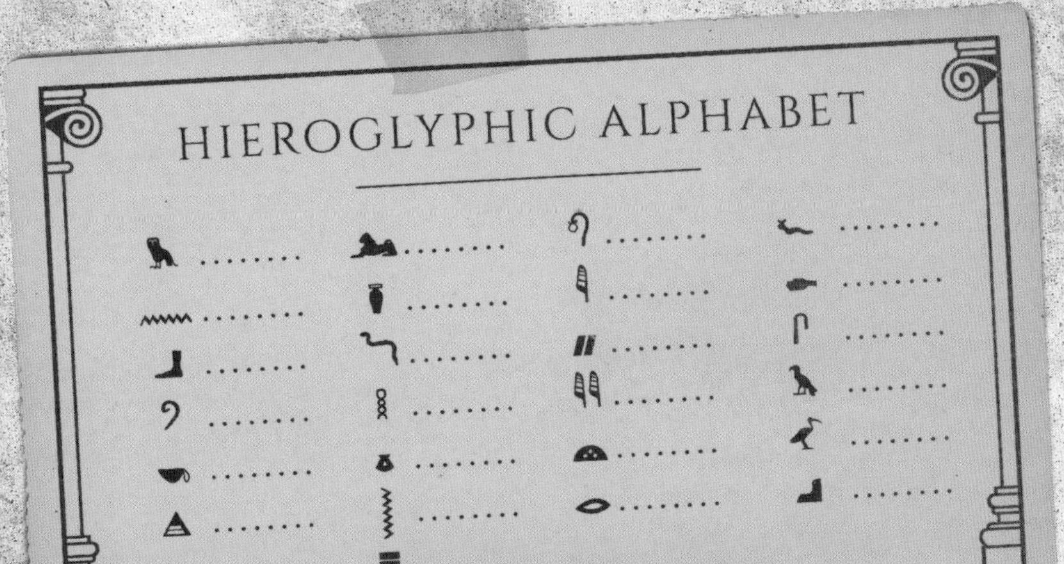
HIEROGLYPHIC ALPHABET

PORTE VERROUILLÉE !

Je parvins tout au bout du hall et me trouvai devant une porte verrouillée.

ÉNIGME

Peux-tu trouver le code à cinq chiffres à l'aide des indices et déverrouiller la porte ?

N'oublie pas, si tu ne peux pas utiliser les QR code, les URL de ces pages Internet figurent à la page 128.

STOP !

Ne tourne pas la page avant d'avoir ouvert cette porte.

LE DIRECTEUR ADJOINT | SUSPECT

« CLIC ! » La serrure se déverrouilla facilement dès que j'eus inscrit le dernier chiffre. J'ouvris la porte et pénétrai dans le bureau encombré du directeur adjoint

« Bien joué ! » lança une voix basse et rauque par-dessus mon épaule. Je me retournai brusquement et découvris le directeur adjoint : un homme élancé, moustachu, dans un costume en lin beige. Il passa la porte, un rictus sur son visage.

« En général, les gens mettent plus de temps… Mais je suppose qu'ils n'ont pas votre expérience.

— Bonsoir, je suis l'inspecteur Waterstone, répondis-je en lui tendant la main. Je jetai un coup d'œil à son bureau et remarquai une lettre rédigée à l'attention de Monsieur Stephen Cartwright, mais avant que je puisse continuer à la lire, le directeur adjoint s'en saisit.

— Laissez-moi vous débarrasser de cela, dit-il en se fendant d'un large sourire qui dévoilait un espace entre ses deux dents de devant. Je dois m'éclipser, veuillez m'excuser. J'ai bien des choses à régler, étant donné les événements. Comment avez-vous fait pour entrer ?

Sans attendre la réponse, il se dirigea vers la porte et partit comme une flèche vers le hall. C'était peut-être l'un des membres du personnel difficiles dont me parlait Madame Knight. Il ne m'avait même pas donné son nom, mais après un bref coup d'œil à la pièce, je devinai rapidement quel était le sien parmi les noms sur la liste des suspects.

SUSPECTS

- Elizabeth Knight
- Mary Hawkins
- Sam Cooper
- Bill Cooper
- Richard Novembre
- Vincent Robert
- Stephen Cartwright
- Harriet Wheeler

ÉNIGME

Peux-tu déterminer quel nom figurant sur la liste appartient au directeur adjoint ? N'oublie pas de noter tes remarques sur la fiche du suspect.

OXFORD WINGTIPS
(SIZE 9)

PHOTOGRAPHIES DU PERSONNEL | INDICE

« Parfait ! » murmurai-je alors que je notais le nom du directeur adjoint tout en quittant le bureau.

À présent, j'avais identifié deux suspects. Cependant, Madame Knight m'avait dit qu'il y avait huit membres du personnel présents dans le musée lors du vol du joyau. Je dois m'assurer que je n'oublie personne, me dis-je tout en découvrant au détour d'un angle l'indice parfait qui me permettrait d'apprendre les noms de toutes les personnes travaillant dans l'établissement : des portraits du personnel !

MME E. KNIGHT — DIRECTRICE DU MUSÉE

MADEMOISELLE HAWKINS & MADEMOISELLE COOPER

EK, RN & SC

EK, SC, MH,
HW & SC

MADEMOISELLE COOPER, MADEMOISELLE HAWKINS & MADAME WHEELER

BILL COOPER, STEPHEN CARTWRIGHT & RICHARD NOVEMBRE

HARRIET, SAM, MARY, VINCENT & RICHARD LE JOUR DES 23 ANS DE SAM (14.04.1924)

SC, EK, VR, RN, BC & SC

ÉNIGME

En regardant les photographies et en gardant en tête tout ce que tu sais déjà, peux-tu faire correspondre les noms des suspects avec les photographies figurant sur les fiches des suspects ?

BOÎTES AUX LETTRES | INDICE

Tout en parcourant le hall, je tombai sur des boîtes aux lettres. Maintenant, je pouvais déterminer le poste de chacun des huit suspects.

Musée de KENSINGTON

POSTES

Président
Directeur
Directeur adjoint
Responsable des antiquités
Responsable des Sciences
Directrice des relations publiques
Guide
Gardien

SUSPECTS

Elizabeth Knight
Mary Hawkins
Sam Cooper
Bill Cooper
Richard Novembre
Vincent Robert
Stephen Cartwright
Harriet Wheeler

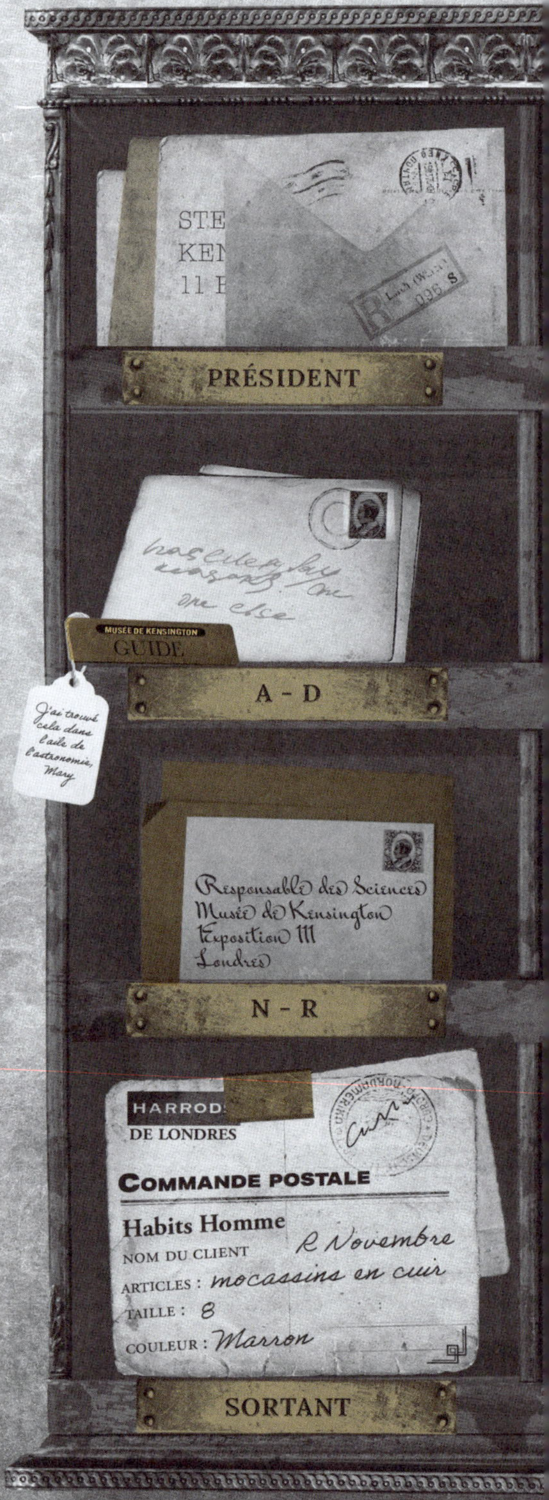

ÉNIGME

En tenant compte de tout ce que tu sais déjà, peux-tu déterminer la fonction de chaque suspect au sein du musée ?

LA LETTRE SECRÈTE | INDICE

Près des boîtes aux lettres, au moment où je notais les postes de mes suspects, je remarquai une lettre tombée par terre. C'était un message étrange, sans aucune inscription sur l'enveloppe. Au début, le contenu me sembla plutôt banal, mais au bout d'un moment, je compris que cette lettre en disait plus long que ce qu'il semblait à première vue.

ÉNIGME

Peux-tu décoder le message secret ?

Cheer membre du musée,

Nous avons beaucoup apprécié notre visite au musée de Kensington. L'exposition de l'œil du tigre et de l'aigle en pierre Stonne Eaggle était une réussite.

Malheureusement, je dois contacter vatre service des objets trouvés et soumettre une demende a votre département poour retrouver un foulard que ma femme a perdu dans votre établissement. C'est un foulard vert qu'elle a reçu de la asociation et qui aurait un pouvoir mistique. Il doit être resté au musée ed Kansington. Si vous l'avez trouvé, nous aimerions le récupérer. Ma femme à étai invitée à un dîner, invitation qu'elle a aceptée, et elle voudrait y porter son foulard. Nouss nouss verons obligés de revenir a Londres avant laa semaine procheine pour une raiunion avec l'association royale de Géographie, nous pourrions passer au musée à ce moment-là.

Nous vous remercions de bien vouloir accéder à cette demande.

Saluttations,

Major Watts

PS. Nous attendons avec impatience
la prochaine exposition
sur le faucon de verre, Glas Falkon.

PORTE VERROUILLÉE !

Je continuai le long du couloir et tombai sur une autre porte verrouillée.

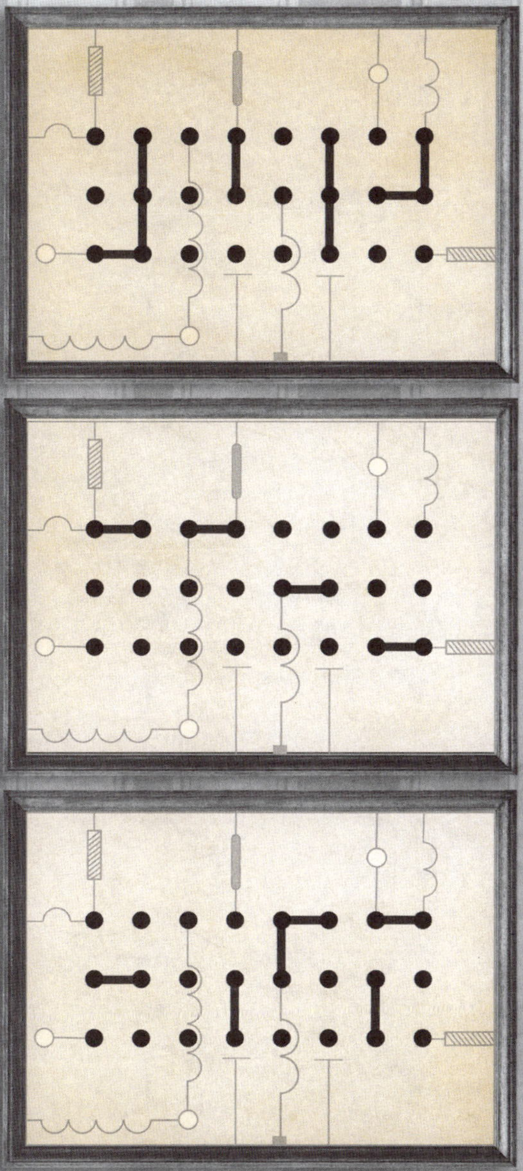

ÉNIGME

Peux-tu trouver le code à quatre chiffres qui te permettra d'ouvrir la porte ?

STOP !

Ne tourne pas la page avant d'avoir ouvert cette porte.

BILL COOPER, GARDIEN | SUSPECT

La porte s'ouvrit en grand et je me retrouvai dans une longue pièce pleine d'objets étranges. Au bout de la pièce se tenait un homme qui parlait tout seul avec un fort accent des Cornouailles. Il tenait dans les mains un vieux thermomètre en mercure, un stylo à bille et cinq étiquettes en papier.

« ...Donc, elle va là, celle-ci va ici et 1714 c'est... Non, non, ça ne peut pas être ça. Je ne sais pas à quoi sert ce fichu hall de la technologie moderne de toute façon !

— Puis-je vous aider ? lui lançai-je depuis la porte. Mais enfin ! cria-t-il en laissant tomber ses bouts de papier, personne ne sait ici qu'il faut frapper aux portes ?

— Désolée de vous surprendre, vous êtes Bill n'est-ce pas ?

— C'est cela, Bill Cooper, dit-il avec son accent prononcé, gardien du musée, je travaille ici depuis 27 ans. J'ai commencé le 22 juin 1899. Je ne l'oublierai pas, car le 22 juin, c'est mon anniversaire, ajouta-t-il fièrement avant de ramasser les étiquettes. Je vous signale que la galerie n'est pas ouverte aux visiteurs en dehors des heures d'ouverture.

— Enchantée, M. Cooper, je suis le détective...

— Je sais qui vous êtes, mais si vous voulez mon avis, nous n'avons pas besoin de fichus détectives qui fourrent leur nez partout pour trouver qui a volé la pierre du lion.

— L'Œil du Tigre, vous voulez dire. Est-ce que cela veut dire que vous savez qui l'a dérobée ?

Bill Cooper posa ses étiquettes et fit un pas vers moi, nerveux. « D'après moi, c'est la chef, dit-il tout bas.

— Madame Knight ? fis-je surprise.

— Vous savez moi, je ne suis pas un fouineur, je suis très discret, s'exclama-t-il. Non, "Bill Cooper n'est pas un fouineur", c'est ce que tout le monde dit. Je suis ici depuis 27 ans. On ne fait pas ce que je fais pendant 27 ans sans apprendre qu'il ne faut pas fouiner ! Mais quand on voit ça... sur le bureau de la directrice, ben...

— Ça quoi ?

— Une police d'assurance, chuchota Bill. Pour l'Œil du Lion ». « L'Œil du Tigre, dis-je sans sourire.

— L'Œil du Tigre, comme vous voulez ! Cinq mille livres... Mais la chose curieuse, c'est que l'assurance était à son nom !

— Elle a assuré la pierre à son nom ? Dis-je surprise.

— Bien sûr, ce n'est pas moi qui vous l'ai dit, répondit Bill, avec arrogance, pour se replonger dans ses étiquettes.

— Bill Cooper... commença-t-il.

— N'est pas un fouineur », ajoutai-je. Je le remerciai et retournai vers la porte. « Monsieur Cooper, j'ai besoin de descendre au sous-sol. Puis-je vous emprunter une lampe de poche ? »

Bill me regarda longuement. « Normalement, seul le personnel est autorisé au sous-sol, murmura-t-il. Je vous donne ma lampe si vous m'aidez avec ça d'abord.

— Je vous écoute, dis-je, intriguée.

— Tous ces objets ont une étiquette, vous voyez ? Pour préciser quand ils ont été inventés, m'expliqua-t-il en désignant cinq objets et des petits bouts de papier. Mais je ne sais plus comment les placer et Monsieur Robert sera là d'une minute à l'autre pour vérifier que tout est en ordre. Si vous m'aidez avec ces dates, je vous prêterai ma lampe. »

ÉNIGME

Une torche sera la bienvenue plus tard. Peux-tu faire correspondre les dates avec chaque invention en te servant de tes connaissances ?

STOP !

Ne tourne pas la page avant d'avoir résolu cette énigme.

PORTE VERROUILLÉE !

Je me suis attardée dans le hall, et au bout de quelques instants, je me suis retrouvée devant une autre porte verrouillée.

ÉNIGME

Peux-tu trouver le code à 6 chiffres et déverrouiller la porte ?

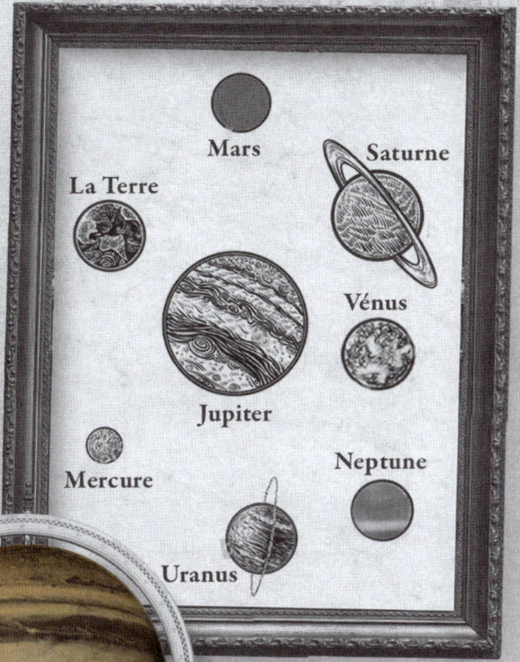

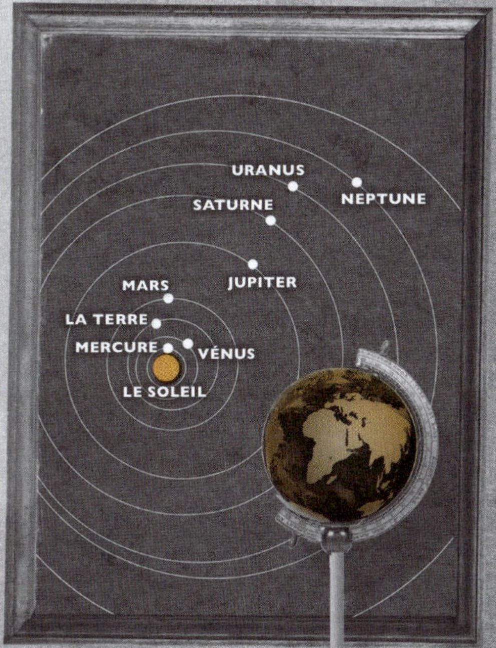

STOP !

Ne tourne pas la page avant d'avoir ouvert cette porte.

RICHARD NOVEMBRE, RESPONSABLE DES SCIENCES | SUSPECT

« BANG ! » Dès que j'ouvris la porte, j'entendis une terrible explosion qui provenait de l'autre bout du grand laboratoire où régnait un énorme fouillis.

« Désolé, trop de magnésium ! cria le professeur Novembre tout en agitant un carnet couvert d'équations pour dissiper la fumée noire. Je suppose que c'est pour cela qu'on fait des expériences.

— Sans doute, dis-je en toussant.

— Vous devez être l'inspecteur, dit-il énergiquement en retirant ses gants bleus en caoutchouc pour me serrer la main. Je suis content que vous soyez venue me voir. J'ai une théorie pour ce qui s'est passé avec l'Œil du Tigre. Je suis un peu détective moi-même. En fait, j'ai récemment résolu l'énigme du fouet de cuisine de ma mère !

— Vraiment ? », dis-je, avec l'enthousiasme attendu. Le malheur de tout détective, ce sont les enquêteurs amateurs trop zélés.

« J'ai été chercher le fichier des empreintes du personnel au sous-sol et j'ai examiné au microscope une empreinte partielle que l'agent Waddington a trouvée sur la lampe restée sur la scène du crime. C'est vrai que la criminalistique, appelez-ça comme vous le voudrez, n'est pas mon domaine, mais je crois pouvoir déterminer si nous sommes en présence d'une boucle, d'une arche ou d'une spirale. Ce sont les trois types d'empreinte, n'est-ce pas ?

— Tout à fait, dis-je, à moitié impressionnée.

— Je le savais, merveilleux ! Voilà, je l'ai transférée sur ma lame de verre pour la regarder au microscope, et je crois pouvoir dire avec certitude qu'il s'agit d'une spirale, ou d'une arche. Mais je suis quasiment certain qu'il s'agit d'une spirale. Ou peut-être d'une boucle, mais je suis presque certain qu'il s'agit d'une spirale. À 90 % ! Vous voulez peut-être voir par vous-même, Inspecteur ?

— Très bien », répondis-je, en espérant qu'il avait en avait fini avec ses déductions. Je me dirigeai vers le microscope du professeur Novembre.

— Eh bien, continua-t-il, oui, oui, je suis à 80, au moins 70 %, sûr qu'il s'agit d'une spirale… ou d'une arche. »

(Suite à la page suivante)

RICHARD NOVEMBRE, RESPONSABLE DES SCIENCES | SUSPECT SUITE

« C'est une boucle, répliquai-je sans avoir à regarder dans l'appareil.

— J'étais certain qu'il s'agissait d'un des trois, répondit Novembre, l'air dépité.

— Ou bien c'est une spirale, ajoutai-je un peu désolée. On voit un delta au moins, mais vous avez raison, ce n'est qu'une empreinte partielle, elle ne suffit pas pour déterminer le type avec certitude.

— D'accord, fit Novembre qui avait perdu tout son enthousiasme.

— Merci quand même, répondis-je pour le consoler un peu. Nous savons avec certitude qu'il ne s'agit pas d'une arche. Si j'ai des suspects qui ont ce type d'empreinte, je pourrai les éliminer complètement.

— Oui, c'est cela ! lança Novembre, mi-figue mi-raisin. Et des empreintes en forme d'arche, j'imagine que c'est assez ordinaire, non ? Vous pourriez éliminer un grand nombre de personnes ?

— 65 % d'entre nous ont des empreintes en forme de boucle.

— Oui.

— Et 30 % ont des empreintes en forme de spirale. Pour les 5 % qui restent, il s'agit d'arches.

— 5 %, répliqua Novembre, à nouveau découragé.

— C'est cela. Pourriez-vous m'aider et me dire où je pourrais trouver le responsable des antiquités ? Je ne lui ai pas encore parlé.

— La responsable des foutaises, plutôt, reprit le Professeur. Elle croit à toute sorte d'idioties, des histoires de fantômes, des légendes. En fait elle pense que l'Œil du Tigre est maudit ! Si vous voulez mon opinion, elle l'a volé pour que l'on croie à cette histoire. »

« BOOM ! » Une autre explosion retentit dans le laboratoire.

« Excusez-moi, je dois voir ce qui se passe ! Je suis ravi d'avoir fait votre connaissance, Inspecteur ! » hurla le professeur en disparaissant dans le nuage de fumée noire. En partant, je pris le fichier des empreintes.

EMPREINTES DU PERSONNEL

Empreinte	Numéro de l'employé	Type
	0901	
	9904	
	2404	
	1302	
	1101	
	2503	
	2201	
	0102	

ÉNIGME

Peux-tu faire correspondre chaque type d'empreinte avec celles qui figurent dans le fichier ?

PORTE VERROUILLÉE !

En sortant du laboratoire, je vis l'armoire à clés sur le mur dont m'avait parlé Madame Knight auparavant.
Elle me serait très utile si je pouvais l'ouvrir.

ÉNIGME

Peux-tu trouver les 3 codes à 4 chiffres qui servent à ouvrir l'armoire ?

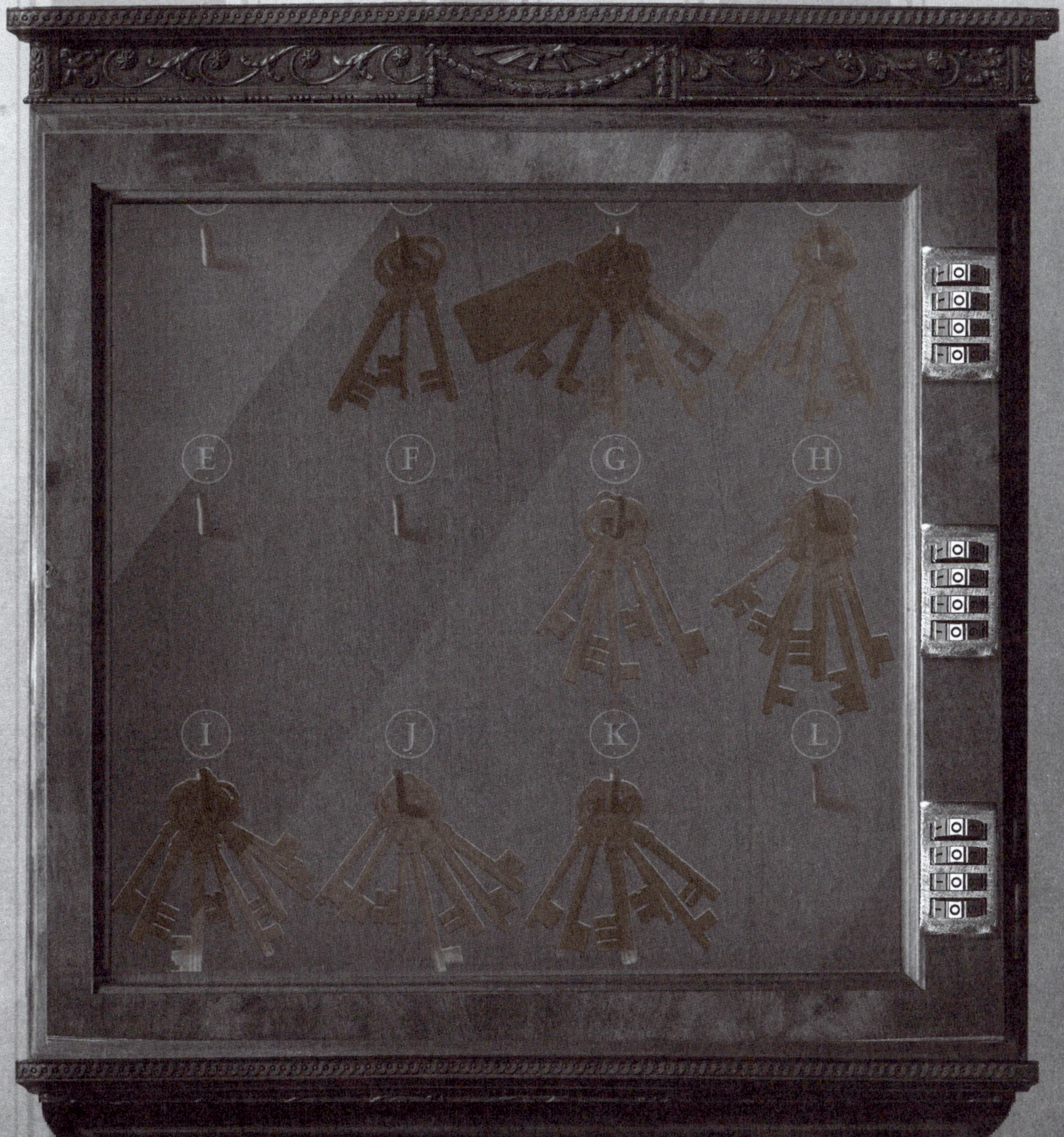

STOP !

Ne tourne pas la page avant d'avoir ouvert cette porte.

ARMOIRE À CLÉS | INDICE

Quand je réussis à ouvrir l'armoire, un bout de papier tomba par terre. Il comportait des notes sur les huit trousseaux que j'avais devant moi. En regardant les notes et les clés, je compris qu'il pourrait m'aider à attribuer chaque trousseau à chacun des membres du personnel.

ÉNIGME

Peux-tu trouver à quels suspects appartiennent ces trousseaux ?

N'oublie pas de noter tes déductions sur les fiches des suspects, ces indications pourraient t'aider à résoudre l'énigme plus tard.

Armoire à clés

Bill possède 5 ou 6 clés.

Mary et Richard ont 10 clés à eux deux.

Vincent et Sam ont chacun 4 ou 5 clés.

Vincent accroche toujours ses clés à côté de celles d'Harriet.

Elizabeth a 2 clés de plus que Bill.

Sam accroche toujours ses clés à côté de celles de son père.

Richard accroche toujours ses clés sur la rangée du bas.

A
B
C
D
MH
E
F
G
H
I
J
K
L

PORTE VERROUILLÉE !

Je suivis la galerie d'art moderne, mais, tout au bout, je me retrouvai face à une porte verrouillée.

ÉNIGME

Peux-tu trouver le code à 4 chiffres et déverrouiller la porte ?

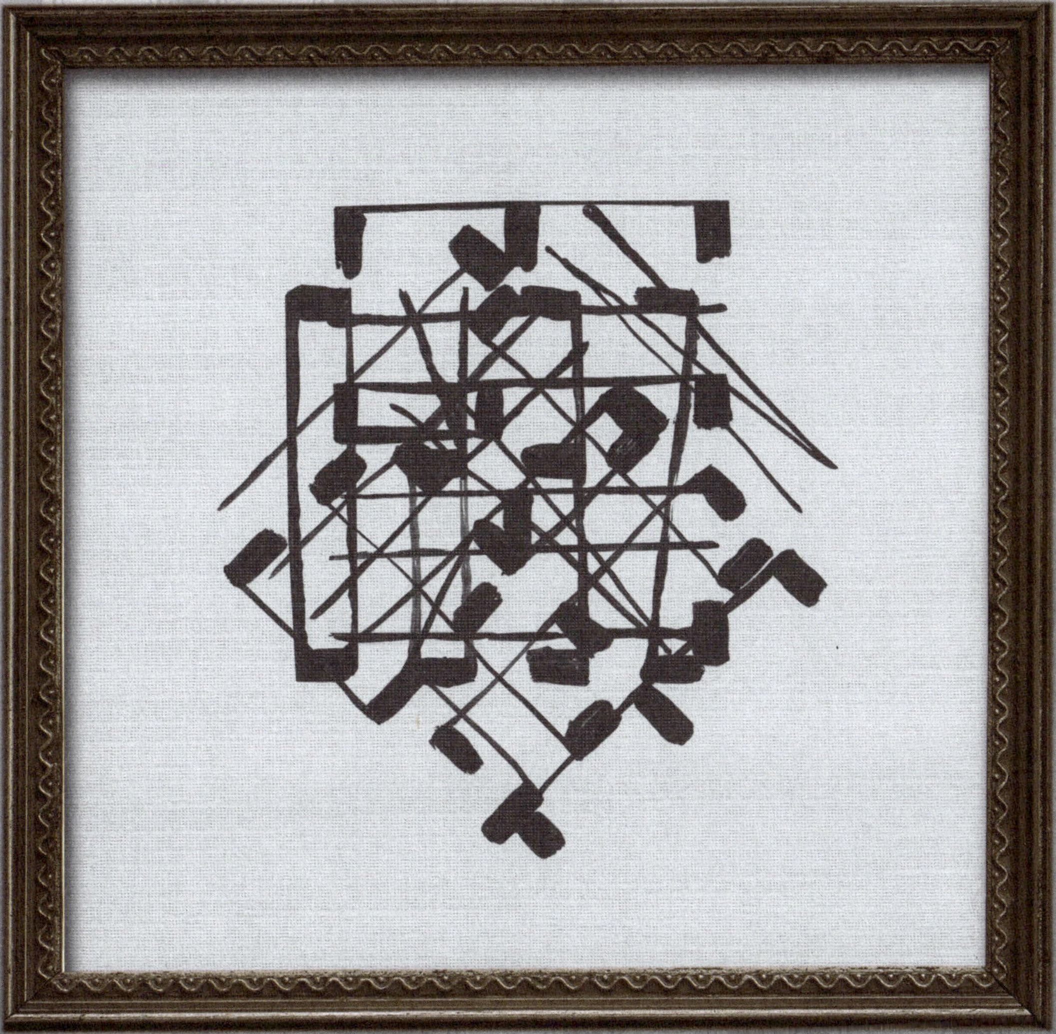

PERSPECTIVES
→ ↗ ↓ ↖

STOP !
Ne tourne pas la page avant d'avoir ouvert cette porte.

SAM COOPER, GUIDE | SUSPECT

Je sortis de la galerie d'art moderne et me retrouvai dans un couloir, au nord-est du bâtiment. J'entendis une voix inconnue marmonner au loin…

« Siège de Kenilworth : 1266. Bataille de Burton Bridge : 1322. Bataille de Shrewsbury : 1401… non, 1403 ! Oui 1403, c'est ça ! »

Plus je progressais dans le couloir, plus j'entendais distinctement la voix.

« Bataille de Flodden Field : 1513. Bataille de… »

Tout à coup, la personne qui parlait apparut dans l'angle. Il s'agissait d'une jeune femme habillée d'un uniforme impeccable et qui tenait un verre d'eau à la main.

« Bonjour, dit-elle, enjouée. Excusez-moi, j'essaye à chaque fois de mémoriser les données concernant les expositions à venir.

— Vous devez être Sam.

— C'est bien cela. Vous voulez bien m'excuser, j'ai à faire. Madame Knight se sent légèrement souffrante, je lui ai dit que je lui apporterais un peu d'eau.

— Je suis désolée de l'apprendre. Faites ce que vous avez à faire, nous parlerons plus tard. Mais avant d'y aller, pouvez-vous me dire où je pourrais trouver la responsable des antiquités ?

— C'est par là, répondit Sam en me fourrant un bout de papier dans la main. Prenez cela, grâce à ces notes, je ne me perds jamais !

— Merci, lui dis-je alors qu'elle partait en toute hâte. Je dépliai la feuille qu'elle m'avait donnée. Elle comportait des notes griffonnées à la va-vite, mais en les regardant de plus près, je compris qu'elles m'aideraient à déterminer l'emplacement de tous les bureaux du personnel.

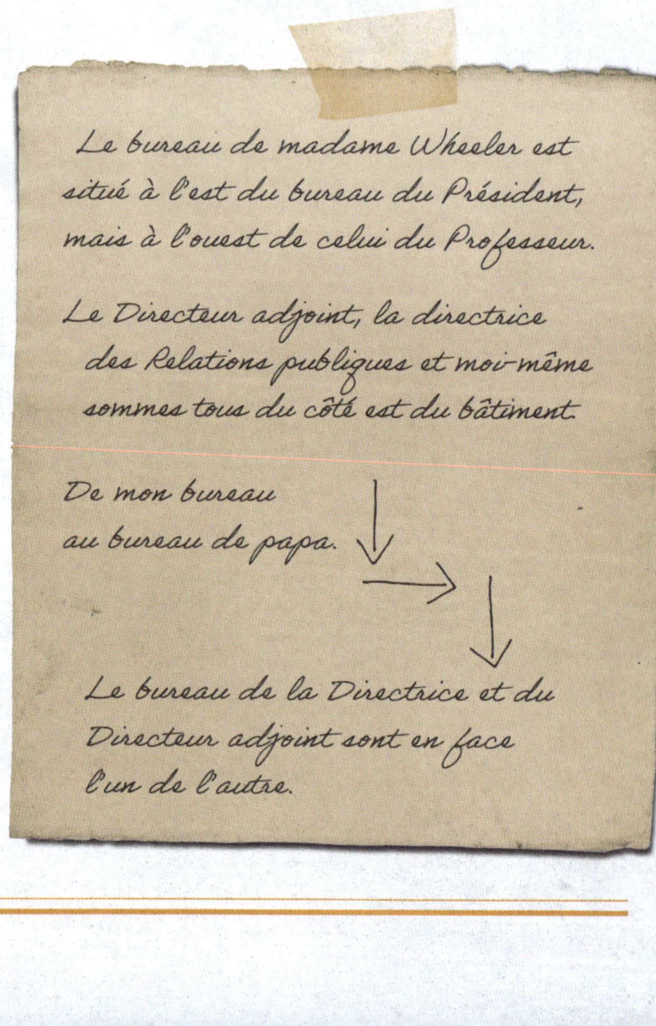

ÉNIGME

Peux-tu inscrire sur le plan du musée les huit bureaux du personnel ?

PORTE VERROUILLÉE !

Maintenant je savais où je pourrais trouver les autres suspects. Je me dirigeai vers le bureau de la responsable des antiquités, impatiente de parler avec elle, étant donné tout ce que le professeur m'avait dit.

ÉNIGME

Peux-tu trouver le code à 4 chiffres et déverrouiller la porte ?

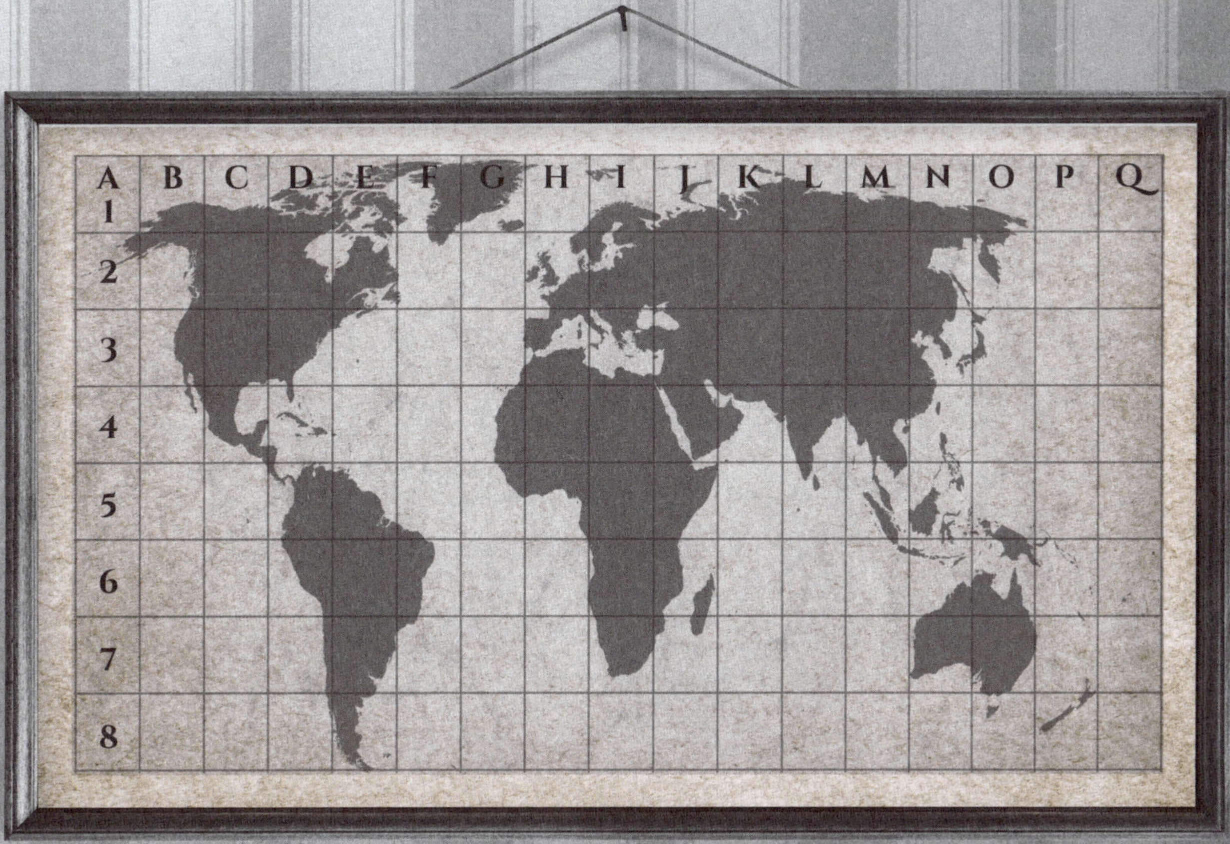

D5 • H2 • O4 • H6 • K6 • B2 • L6 • C2 • O2 • D3 • G6 • O6 • K4 • D6
F2 • O5 • N4 • G2 • H4 • M2 • G4 • F4 • K2 • F6 • J2 • K3 • J6
N2 • H3 • F5 • M3 • O3 • D2 • M4 • K5 • D4

STOP !

Ne tourne pas la page avant d'avoir ouvert cette porte.

HARRIET WHEELER, RESPONSABLE DES ANTIQUITÉS | SUSPECTE

J'ouvris la porte du bureau et une puissante odeur de cannelle et de bois de santal me sauta au visage. Un brouillard dense qui émanait d'une multitude de bougies parfumées remplissait les lieux.

« Cher Inspecteur Waterstone ! dit une voix accueillante. Puis-je vous servir du thé à la menthe ? » Le brouillard se dissipa et je distinguai une très petite femme, couverte de perles des pieds à la tête et enveloppée dans un châle géant couleur terre. Elle était assise devant un grand bureau en acajou, et m'adressa un large sourire. C'était Harriet Wheeler, la responsable des antiquités.

« Avec plaisir, merci Madame Wheeler.

— Non, non, appelez-moi Harriet, me répondit-elle avec une sévérité feinte tout en s'affairant avec une bouilloire en cuivre en mauvais état. Je suppose que vous avez entendu quelques rumeurs sur moi ? N'avez-vous pas eu des contacts avec le département des sciences ? »

Je regardai Madame Wheeler, impassible.

« Le professeur est un brave homme, très passionné par son travail, mais il n'a pas beaucoup de temps pour... eh bien... Quand on a étudié le domaine des antiquités avec autant de ferveur que moi, reconstitué des tas d'histoires incroyables, c'est difficile de ne pas voir au-delà de la science.

La bouilloire siffla et Harriet se retourna pour verser l'eau bouillante dans ce qui devait être ma tasse.

— Mais même si je crois dur comme fer à la légende de l'Œil du Tigre, je ne l'ai pas volé, ma chère, quoi qu'en dise notre professeur. Je me souviens à quel point il était en colère il y a deux mois de cela quand Liz réduisit la subvention pour son nouveau télescope. 47 000 livres partis en fumée ! Il m'a dit qu'il ferait n'importe quoi pour récupérer cet argent. Voici votre thé, Inspecteur Waterstone, bonne chance pour votre enquête !

— Merci Madame Wheeler », répondis-je, ravie d'avoir un autre suspect avec un mobile.

Sur ce, elle me remit la tasse qui fumait et disparut dans le hall. Sur son bureau, je remarquai une feuille de papier chiffonnée. Je compris que je pouvais établir d'autres faits à propos de cette Harriet Wheeler.

ÉNIGME

À partir des indices sur la feuille, peux-tu trouver la date de naissance d'Harriet Wheeler ?

Le cas très étrange du dragon
et du sphinx de la colline
près du phénix imbattable
que mangea le serpent dans la poursuite.
To HW from GF

MARY HAWKINS, DIRECTRICE DES RELATIONS PUBLIQUES | SUSPECTE

Je sortis du bureau d'Harriet, et me retrouvai côte à côte avec une femme portant de grosses lunettes Art déco et des talons hauts. Elle avait des cheveux noirs brillants et transportait tout un tas de magazines.

«Je vous cherchais Inspecteur Waterstone, me dit-elle d'une voix fluette.

— Je suis Mary Hawkins, directrice des relations publiques.

— Enchantée. Mademoiselle Hawkins me serra la main et s'arrêta un instant pour ajuster ses bagues.

— J'espère sincèrement qu'ils se retrouveront derrière les barreaux. Tous les deux, me dit-elle en me présentant un morceau de papier. Je l'ai trouvé dans la boîte aux lettres du gardien.

Je regardai la feuille et lus.

— Vous pensez que Monsieur Cooper a volé la pierre?

— Lui ou sa fille. Elle soupira. Je suis désolée qu'ils aient des problèmes, mais cela ne leur donne pas le droit de prendre des choses qui ne leur appartiennent pas. Cette pierre a beaucoup fait pour le musée. Je pense que l'Œil du Tigre est l'un des objets les plus beaux et les plus élégants que le musée ait jamais possédés. Regardez s'exclama-t-elle en me donnant un magazine. La presse s'en est très émue et le *National Geographer* m'a interviewée avant même que la pierre n'arrive dans l'établissement. L'article est sorti le jour de mes 36 ans, me lança-t-elle tout excitée. Je peux vous dire que c'était un beau cadeau d'anniversaire. OH! Mary poussa un cri tout en se frottant l'épaule.

— Qu'y a-t-il? demandai-je surprise.

— C'est une mite, excusez-moi. Je déteste ces bestioles. J'en ai une véritable phobie. Ça va, elle est partie maintenant.

— Merci pour vos informations.

— Si vous avez besoin de quoi que ce soit d'autre, n'hésitez pas à venir vers moi. Je serai dans mon bureau.» Sur ce, elle s'éloigna dans le hall en faisant retentir ses talons. Je souris, j'avais récolté d'autres indices.

Cher Monsieur Cooper,

Vos dettes vis-à-vis de notre organisme s'élèvent maintenant à 48,345 livres. La date du paiement est dépassée. Nous exigeons un paiement total dès aujourd'hui, ou nous tenterons de recouvrer cette somme par un autre moyen.

Mes sincères salutations,

Arthur Grimshaw

BANQUE REDWOOD

COMMENT LIRE LES CHIFFRES ROMAINS

I - Les lettres de base sont les suivantes :

I = 1 V = 5 X = 10 L = 50

C = 100 D = 500 M = 1000

II - Si la valeur des lettres de la séquence diminue, tu peux les additionner pour obtenir le total.

XXVII = 10 + 10 + 5 + 1 + 1 = 27

III - Si la valeur d'une lettre est inférieure à la valeur de la lettre qui suit, tu dois prendre ces deux lettres séparément et soustraire la valeur de la plus petite à celle de la plus grande.

LXIV = L + X + (V-I)

ou

50 + 10 + (5-1) = 64

IV - Décompose d'autres chiffres pour en faciliter la lecture.

MMCDXCIX = M + M + (D-C) + (C-X) + (X-I)

ou

1000 + 1000 + (500-100) + (100-10) + (10-1) = 2499

ÉNIGME

Peux-tu trouver la date de naissance de Mary Hawkins ?

ÉNIGME

Peux-tu déchiffrer cette lettre codée ?

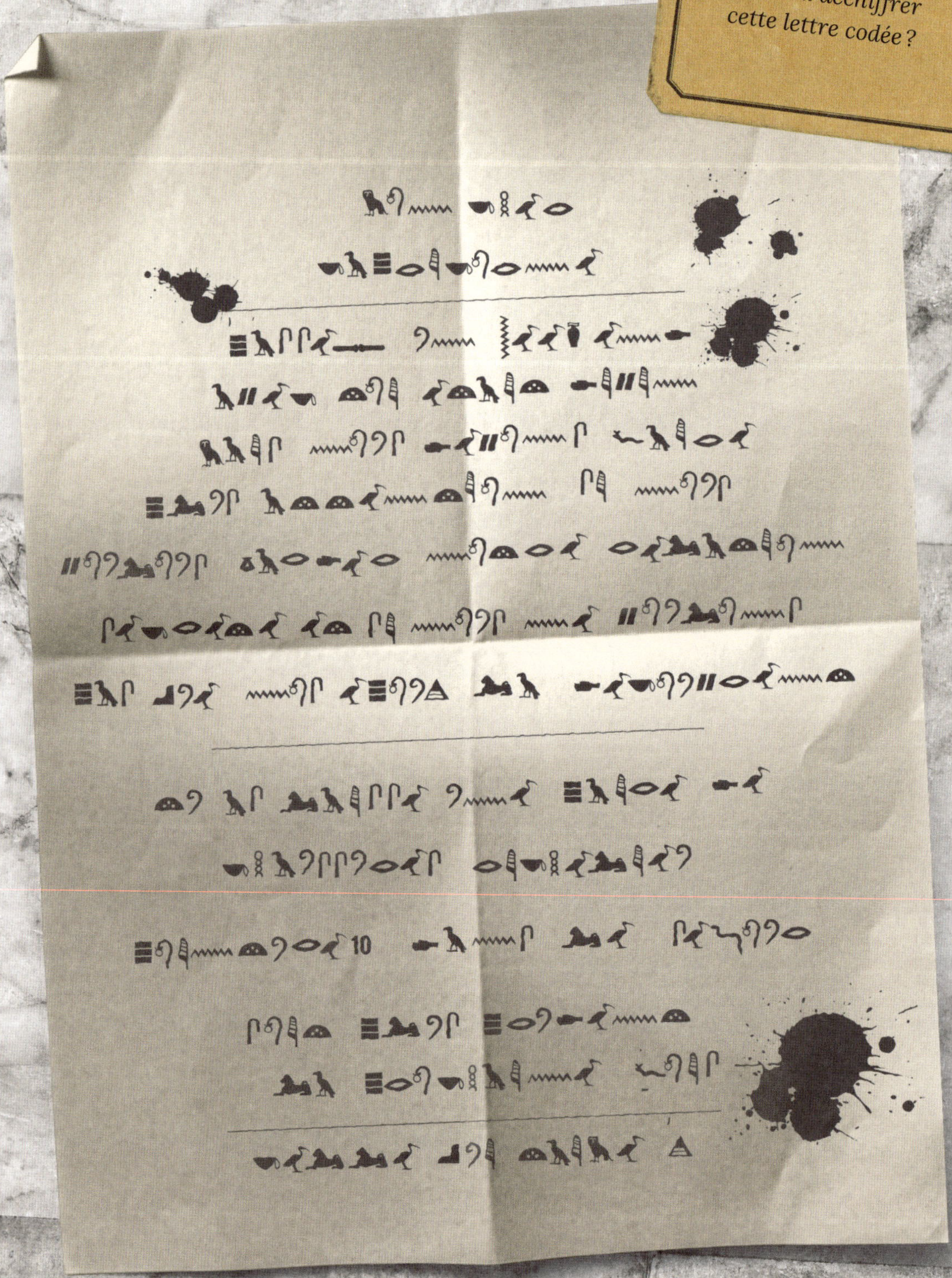

LETTRE PAR TERRE | INDICE

Je trouvai une lettre par terre. Elle était peut-être tombée de la pile de documents de Mary, mais je n'en étais pas sûre. Je la ramassai quand même et l'ouvris. L'enveloppe contenait un message codé. En regardant la lettre de plus près, je compris que j'avais déjà vu ces symboles auparavant.

L'AGENCE DES MYSTÈRES

Regarde les indices. Arrête-toi un instant pour faire le point sur toutes les informations que tu as recueillies. Assure-toi que tu as bien noté toutes tes déductions dans le rapport et sur les fichcs des suspects. Qui soupçonnes-tu maintenant ? Souviens-toi, il y a huit suspects. Il faut en éliminer sept pour résoudre l'affaire. À ce stade, peux-tu déjà en écarter certains ?

Si tu te retrouves coincé, n'oublie pas que le livre te donne des indices et des solutions dans les dernières pages, ou en ligne à cette adresse : themysteryagency.com/hints

PANNEAU D'AFFICHAGE | INDICE

Je continuai le long du hall et tombai sur un panneau d'affichage. Au premier coup d'œil, il semblait anodin, mais, en le regardant plus attentivement, je compris que l'une des notes contenait un message secret.

ÉNIGME

Peux-tu déchiffrer le message secret du panneau d'affichage ?

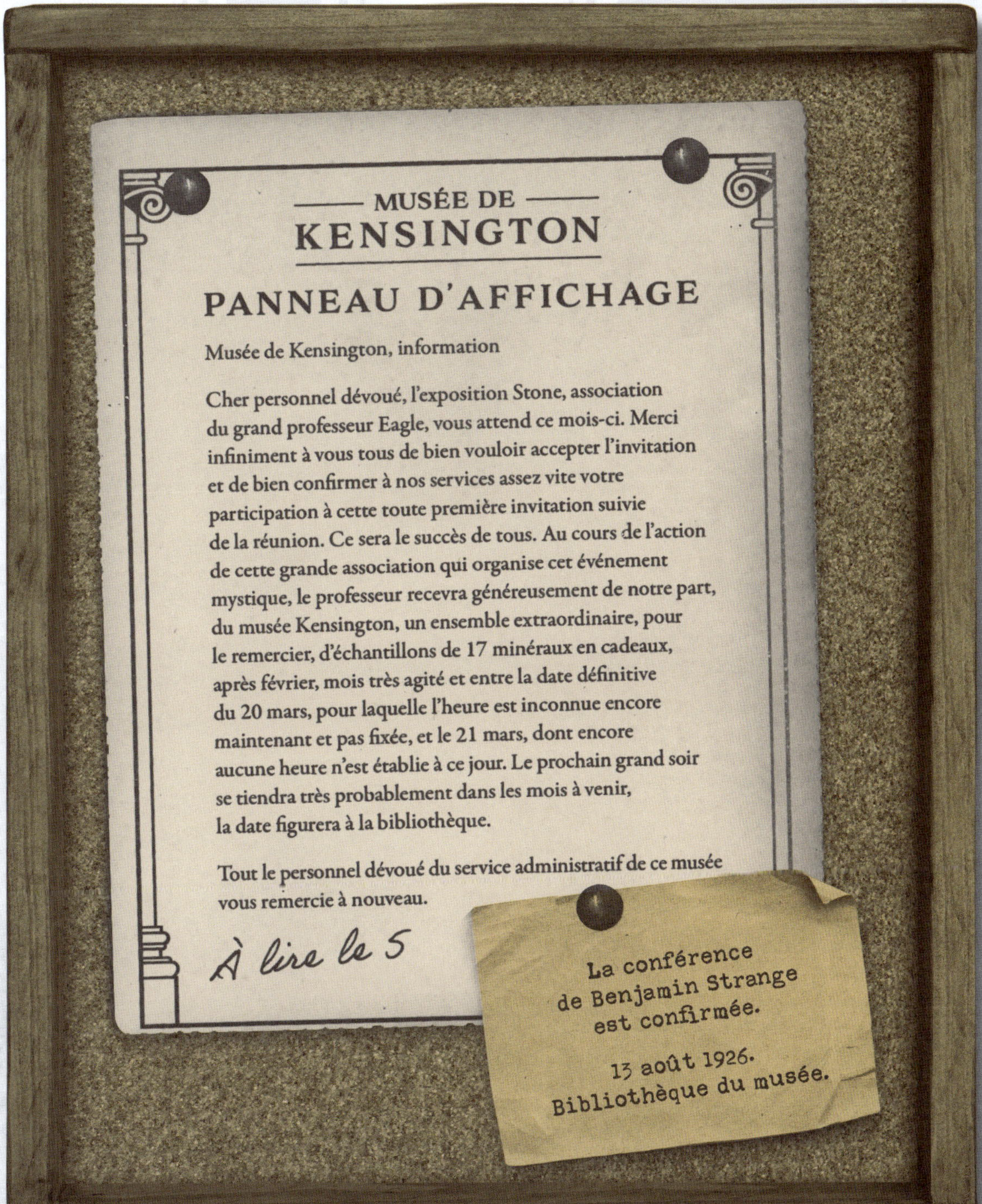

MUSÉE DE KENSINGTON

PANNEAU D'AFFICHAGE

Musée de Kensington, information

Cher personnel dévoué, l'exposition Stone, association du grand professeur Eagle, vous attend ce mois-ci. Merci infiniment à vous tous de bien vouloir accepter l'invitation et de bien confirmer à nos services assez vite votre participation à cette toute première invitation suivie de la réunion. Ce sera le succès de tous. Au cours de l'action de cette grande association qui organise cet événement mystique, le professeur recevra généreusement de notre part, du musée Kensington, un ensemble extraordinaire, pour le remercier, d'échantillons de 17 minéraux en cadeaux, après février, mois très agité et entre la date définitive du 20 mars, pour laquelle l'heure est inconnue encore maintenant et pas fixée, et le 21 mars, dont encore aucune heure n'est établie à ce jour. Le prochain grand soir se tiendra très probablement dans les mois à venir, la date figurera à la bibliothèque.

Tout le personnel dévoué du service administratif de ce musée vous remercie à nouveau.

À lire le 5

La conférence
de Benjamin Strange
est confirmée.

13 août 1926.
Bibliothèque du musée.

PRÉSIDENT
DU MUSÉE

PORTE VERROUILLÉE !

En face de moi se trouvait une autre porte verrouillée.

ÉNIGME

Peux-tu trouver le code à 5 chiffres et déverrouiller la porte ?

STOP !

Ne tourne pas la page avant d'avoir ouvert cette porte.

ÉNIGME

Une loupe pourrait t'être utile plus tard. Est-ce que tu te souviens de la date de la bataille de Burton Bridge ? Elle te permettra d'ouvrir la porte. (Ne regarde pas en arrière !).

STEPHEN CARTWRIGHT, PRÉSIDENT DU MUSÉE | SUSPECT

Je passai le seuil du bureau somptueux du président du musée, qui portait un costume trois-pièces en tweed vert, un nœud papillon bordeaux luxueux et qui était occupé à fouiller dans une serviette. « Allez allez ! grogna-t-il, où est-ce que j'ai bien pu la mettre ? »

« Monsieur le président ?

— Hum, dit-il, en se retournant. Apparemment, il ne s'était pas encore aperçu que j'étais entrée. Ah ! Oui ! Ne faites pas attention à mon titre, me dit-il d'une grosse voix en souriant d'un air qui montrait toute l'étendue de sa moustache broussailleuse. Vous devez être l'inspecteur Waterstone ?

— Oui, Monsieur.

Nous nous serrâmes la main et Stephen retourna à sa recherche en jetant des lettres à droite à gauche. L'une d'elles atterrit sur le bureau. J'étais certaine de l'avoir vue auparavant. C'était celle que Vincent Robert avait dissimulée un peu plus tôt.

— C'est quoi cette lettre ? demandai-je.

— Laquelle ? Oh, celle-là. Elle est de Robert me répondit-il en la ramassant. Il mit ses lunettes en écaille et parcourut le contenu. “Cher Président, j'espère sincèrement… et caetera, et caetera… Permettre qu'une pierre précieuse disparaisse sous sa surveillance… et caetera, et caetera… Incompétence grossière… et caetera, et caetera… Je demeure à votre service et au service du conseil d'administration… et caetera, et caetera… Platitudes, compliments, fin. Oui, toujours le même discours” conclut-il avant de reposer la lettre.

— Le même discours ?

— Oui, me répondit Monsieur Stephen affligé. Robert m'en envoie trois comme cela chaque semaine. Il lorgne le poste de directeur depuis des années, il se donne un mal fou pour montrer que Knight n'est pas à la hauteur. C'était sûr qu'il se réjouirait de ce qui s'est passé ce soir. Avec toute cette débâcle, il est aux anges. Liz s'est laissé aller pour ce qui est de la sécurité, je dois l'admettre. Le conseil d'administration va forcément réagir. Elle pourrait perdre son travail. Excusez-moi, vous aviez des questions je crois ?

— Non, ce sera tout pour l'instant, dis-je en prenant des notes. Vous m'avez bien aidée, je dois retourner faire des vérifications dans vos dossiers au sous-sol.

— Bonne chance, ils sont rédigés en caractères minuscules. Je vais vous prêter ma loupe, dit-il, en se tournant vers une armoire fermée qui se dressait dans l'angle. Oh zut ! J'ai oublié le code. C'est la bataille de Burton Bridge… je ne me souviens pas de la date. Vous vous en souvenez ? »

Je me souvins que Sam, le guide, avait mentionné cette bataille à peine un quart d'heure auparavant, au moment où je la dépassai dans le couloir.

STOP !

Ne tourne pas la page avant d'avoir résolu cette énigme.

PORTE VERROUILLÉE !

Mais au moment d'arriver à la porte qui donne sur le grand hall, je remarquai une drôle de chaîne de sécurité.

ÉNIGME

Peux-tu découvrir le chemin à suivre dans le labyrinthe et détacher la chaîne de sécurité ?

Quand tu arrives à une lettre, note-la, si tu as la bonne séquence de lettres (il y en a 8), cela montrera que tu as résolu cette énigme et tu pourras passer !

STOP !

Ne tourne pas la page avant d'avoir ouvert cette porte.

TÉMOINS OCULAIRES | INDICE

Je retirai la chaîne et suivis le couloir pour me retrouver dans le grand hall du musée. L'agent Waddington se précipita vers moi pour me montrer cinq feuilles de papier.

« Cinq civils prétendent avoir eu le contrevenant dans leur champ de vision. Ils l'ont vu entrer et s'enfuir par les fenêtres du rez-de-chaussée. Ils sont tous prêts à témoigner, M'dame, fit Waddington, en jargonnant autant que possible. Aucun d'entre eux n'a vu de visage, alors je leur ai demandé d'évaluer la taille du contrevenant. C'est étrange M'dame, les témoignages se contredisent.

— Ce n'est pas si étrange que ça, Waddington. Les faits rapportés par des témoins oculaires ne sont pas fiables, c'est bien connu. Il faut distinguer lesquels sont plausibles et lesquels ne le sont pas à partir de ce que nous savons déjà. Cela pourrait nous donner l'indice que nous cherchons. »

J'étudiai les déclarations des témoins pendant un petit moment, et je compris tout à coup qu'un seul témoignage était tout à fait valable.

Témoin oculaire 1

J'ai vraiment vu quelqu'un et je suis presque certain que c'était le voleur ! J'étais devant le musée et j'ai vu une silhouette courir le long du couloir au rez-de-chaussée à gauche du bâtiment, une lampe à la main. Elle a disparu dans le grand hall. Quatre minutes plus tard, elle est revenue en courant le long du couloir. Au niveau de la dernière fenêtre de gauche, elle a tourné à droite et a suivi un autre couloir. Elle est passée devant une armure. Elle faisait entre 1 m 67 et 1 m 77.

Témoin oculaire 2

J'ai vu quelqu'un par la fenêtre, je suis presque certain que c'était le voleur. Il courait le long d'un hall au rez-de-chaussée avec une lampe, à gauche du bâtiment. Il a disparu dans le grand hall et quand il est revenu, il avait la lampe dans une main et l'Œil du Tigre dans l'autre. Il a tourné à droite et a couru le long d'un autre hall. Il est passé devant une armure. Il était plutôt grand, environ 1 m 82.

Témoin oculaire 3

Oui, j'ai vu le voleur !
C'était à 20h30. Je regardais la rue en face par la fenêtre de mon appartement. De là on peut voir tout le musée. Il avait une lampe et il courait vers le grand hall à gauche du bâtiment.
Il y est resté pendant 30 secondes puis il est revenu avec l'Œil du Tigre. Il est revenu en courant par le hall, il a tourné à droite au niveau de la quatrième fenêtre à gauche et il est passé devant une armure et il a disparu.
Il faisait moins de 1 m 70.

Témoin oculaire 4

Je suis presque certain d'avoir vu le voleur. Je me tenais en face de l'entrée principale, de l'autre côté de la rue. Je l'ai vu courir dans le hall à gauche du bâtiment avec une lampe. Je l'ai vu par les fenêtres.
Il a couru dans le hall principal et est revenu une minute plus tard environ avec la pierre. Il est reparti par le hall et a tourné à droite.
Il est passé en courant devant une armure. Il faisait au maximum 1 m 82.

Témoin oculaire 5

Je suis certain à 100 % que j'ai vu le voleur. Il courait dans le couloir du rez-de-chaussée à gauche du bâtiment, une lampe à la main. Il a disparu dans le grand hall, mais il n'y est pas resté bien longtemps.
Il est revenu avec la pierre qu'il tenait de ses deux mains et est reparti par le couloir. Quand il est arrivé au niveau de la fenêtre où il y a la grenouille en pierre, il a tourné à droite et est passé devant une très grande armure. Il faisait entre 1 m 57 et 1 m 77.

ÉNIGME

À partir de ce que tu sais déjà sur l'affaire et sur le musée, peux-tu trouver quelle déclaration est exacte et déterminer la taille du contrevenant ?

LES ASCENSEURS | INDICE

J'entendis une dispute qui venait de l'autre bout du grand hall. Je me précipitai en toute hâte pour voir ce qui se passait et découvris Vincent, Harriet, Richard et Bill qui se bagarraient pour essayer de rentrer dans l'un des ascenseurs…

« Je te l'ai dit, quatre c'est trop, tu vas le casser, lança Vincent.

— Harriet ne pèse que 45,35 kilos ! dit Bill.

— Mary, Sam et moi-même avons pris l'ascenseur 1 ensemble la semaine dernière et il n'y a pas eu de problème, ajouta Harriet.

— Hier, Bill, le Président et moi-même avons pris celui du milieu et je me souviens que nous étions pile à la limite, fit Richard.

— À trois, ça va, insista Vincent.

— Cela dépend desquels, Sam fait la moitié du poids de la directrice, précisa Bill.

— Et Mary pèse 27,21 kilos de plus que moi, ajouta Harriet, avec tout mon respect.

— Moi je pèse 4,53 kilos de moins que Richard, dit Vincent avec dédain et hier, Bill, Mary et moi-même avons pris l'ascenseur 3 avec 13,60 kilos de fossiles, et nous étions encore 9,07 kilos en dessous de la limite.

— Oui, oui, nous savons que tu es le spécimen parfait, fit Richard irrité. Vincent se renfrogna et se dirigea discrètement vers les escaliers.

— Je me souviens avoir pris l'ascenseur avec Vincent et Sam l'autre jour. L'un d'entre eux faisait 58,96 kilos, un autre faisait 68,03 kilos, mais je ne me souviens pas duquel », déclara Harriet.

Ayant tout entendu, je pouvais à présent déterminer le poids de chacun des suspects.

ÉNIGME
Peux-tu trouver le poids de chacun des huit suspects ?
2
3
ASCENSEUR 2
Poids maximum 249,476 kg
ASCENSEUR 3
Poids maximum 226,796 kg

EMMA
MANSFIELD PARK
ORGUEIL ET PRÉJUGÉS
SANDITON
RAISON ET SENTIMENTS
LE MAGICIEN D'OZ
JANE EYRE
LES HAUTS DE HURLEVENT
L'ÎLE AU TRÉSOR
LA CERISAIE
LE CHIEN DES BASKERVILLE
UN CHANT DE NOËL
DAVID COPPERFIELD
LES GRANDES ESPÉRANCES
LE CONTE DE DEUX CITÉS
OLIVER TWIST
Crime et Châtiment
LES TROIS MOUSQUETAIRES
LE COMTE DE MONTE-CRISTO
Middlemarch
LE MOULIN SUR LA FLOSS
Gatsby le magnifique
MADAME BOVARY
AVEC VUE SUR L'ARNO
LE MOINE
Tess D'Urberville
L'ODYSSÉE
L'ILIADE
Les Misérables
Trois hommes dans un bateau
LA MÉTAMORPHOSE
LE PROCÈS
LE FANTÔME DE L'OPÉRA
Les contes de Canterbury
LES QUATRE FILLES DU DOCTEUR MARCH
MOBY DICK
THE Highwayman
LA SÉQUESTRÉE
LE MOURON ROUGE
LE MASQUE DE LA MORT ROUGE
IVANHOÉ
Black Beauty
HAMLET
Roméo et Juliette
FRANKENSTEIN
DRACULA
LE CABINET ROUGE
Les voyages de Gulliver
Anna Karénine
GUERRE ET PAIX
Pères et fils
LES AVENTURES DE HUCKLEBERRY FINN
LE PRINCE ET LE PAUVRE
LE TOUR DU MONDE EN QUATRE-VINGTS JOURS
CANDIDE
BEN-HUR
L'HOMME INVISIBLE
LA MACHINE À EXPLORER LE TEMPS
La guerre des mondes
LE PORTRAIT DE DORIAN GRAY

PORTE SECRÈTE DE LA BIBLIOTHÈQUE !

Je notai les poids des suspects, fis un signe de tête à Waddington et m'éloignai du grand hall. Je traversai le hall des antiquités et suivis un couloir obscur où s'alignaient des rangées de livres. Mais l'un des casiers de la bibliothèque avait l'air un peu différent des autres. En dessous, je remarquai un rai de lumière. Ce casier était sûrement une porte secrète. J'en avais vu un similaire au cours d'une autre affaire. Pour l'ouvrir, il fallait dégager trois livres, oui, mais lesquels ?

ÉNIGME

Peux-tu trouver les trois livres et ouvrir la porte secrète ?

Déverrouille la porte secrète.

En choisissant celui entre la grandeur et la magnificence.

Le suivant relie les deux que l'on ne peut pas voir.

Et le dernier est la terre sous les arbres.

STOP !

Ne tourne pas la page avant d'avoir ouvert cette porte.

LA RÉSERVE SECRÈTE | INDICE

La bibliothèque s'ouvrit et j'entrai dans une réserve secrète, faiblement éclairée par des bougies. Des dossiers étaient empilés çà et là et les murs étaient couverts de notes et de graphiques. Sur un des murs, près de la porte, je vis quelque chose qui pouvait m'être utile dans mon enquête : une liste de tous les membres du personnel du musée avec leurs dates de naissance. Mais les chiffres ne pouvaient pas être les bons, ils devaient être codés. Je me mis au travail pour déchiffrer les dates.

DATES DE NAISSANCE DU PERSONNEL DU MUSÉE

Bill Cooper	99/95/5202
Madame Knight	82/98/5215
Harriet Wheeler	91/00/5226
Sam Cooper	81/93/5345
Vincent Robert	08/90/5227
Monsieur Stephen Cartwright	71/90/5208
Mary Hawkins	96/09/5223
Prof. Richard Novembre	73/97/5214

ÉNIGME

En te servant des dates codées et d'une date de naissance que tu connais déjà, peux-tu trouver les dates de naissance des huit suspects ?

BÉLIER
21 MARS – 20 AVRIL

TAUREAU
21 AVRIL – 20 MAI

GÉMEAUX
21 MAI – 20 JUIN

CANCER
21 JUIN – 22 JUILLET

LION
23 JUILLET – 22 AOÛT

VIERGE
23 AOÛT – 22 SEPTEMBRE

BALANCE
23 SEPTEMBRE – 22 OCTOBRE

SCORPION
23 OCTOBRE –22 NOVEMBRE

SAGITTAIRE
23 NOVEMBRE – 21 DÉCEMBRE

CAPRICORNE
22 DÉCEMBRE – 19 JANVIER

VERSEAU
20 JANVIER – 19 FÉVRIER

POISSON
20 FÉVRIER – 20 MARS

TIROIR VERROUILLÉ !

Je me retournai et découvris une grande armoire ancienne. Je remarquai aussitôt que l'un des tiroirs était verrouillé.

STOP !

Ne tourne pas
la page avant d'avoir
ouvert le tiroir.

ÉNIGME

Peux-tu trouver
le code et déverrouiller
le tiroir ?

DOSSIERS MÉDICAUX DU PERSONNEL | INDICE

Le tiroir s'ouvrit, laissant apparaître tout un tas de dossiers médicaux du personnel. Chaque détail de chaque dossier était annoté, excepté pour l'un d'entre eux où de l'encre noire avait recouvert certaines notes. Je possédais cependant assez d'informations pour savoir à qui appartenait le dossier. Tout ce qui me restait à faire c'était de décoder le texte sur l'état de santé et sur les symptômes du patient et je pourrais faire un pas de plus dans mon enquête.

Dossier n° 153

DOSSIER MÉDICAL DU PERSONNEL DU MUSÉE

Nom [redacted]

Date de naissance [redacted]

Taille [redacted]

Poids 63,50 kg

PRIVÉ, CONFIDENTIEL

ÉTAT DE SANTÉ ET SYMPTÔMES

A H T E R E A-D X-I S P V U T-E-U U E R C A O U P G F B
M L P O I-P O I P O I L L H S D F-P O I N C M L Z E R T Y
T I K S E E-X-U S A S-O Q N N O E D A I L I I S-E-I E I I E
A Z E-R M L J M L K J E R T S D F D F G E R T R T Y M L K
R R E-V E-U E J M N R O A U D L R-S-T U T N N O N A L

ÉNIGME

Peux-tu décoder le texte sur l'état de santé et sur les symptômes du patient de ce dossier ?

TRAPPE VERROUILLÉE !

Quand je me dirigeai vers la porte, je trébuchai sur quelque chose de dur caché sous le tapis à motifs. Je soulevai le tapis et découvris ce qui dépassait : un gros verrou sur une grande porte en bois.

ÉNIGME

Peux-tu découvrir le mot à 5 lettres qui déverrouillera la porte de la trappe ?

STOP !

Ne tourne pas la page avant d'avoir ouvert la trappe.

ESCALIER EN COLIMAÇON | INDICE

Je descendis par la trappe et me retrouvai dans un étroit escalier en colimaçon dont les murs étaient recouverts d'étranges panneaux d'avertissement. Quand je les regardai de plus près, je compris qu'ils en disaient bien plus que ce que je pensais à première vue.

ÉNIGME

Peux-tu trouver ce que disent vraiment les panneaux d'avertissement ?

LIMITE EXIGÉE
SOYEZ ATTENTIFS / RISQUES CACHÉS
OBSERVEZ PRÉCISÉMENT / HALL ANTIQUE / GÉREZ EFFICACEMENT
UTILISEZ TOUJOURS INTELLIGEMMENT LES IMAGES SOUS
LIMITE ENTRÉE SÉCURISÉE
QUATRE UNITÉS AVEC TÉLÉPHONES ÉQUIPÉS
CE HALL INCLUT FRÉQUEMMENT FORTS RISQUES ET SOUCIS
MISE À NIVEAU / QUALITÉ UTILISATION
AVEC NOUVELLE TAILLE SÉCURITAIRE

PORTE VERROUILLÉE !

*J'arrivai en bas de l'escalier
et me retrouvai face à une porte
en fer verrouillée.*

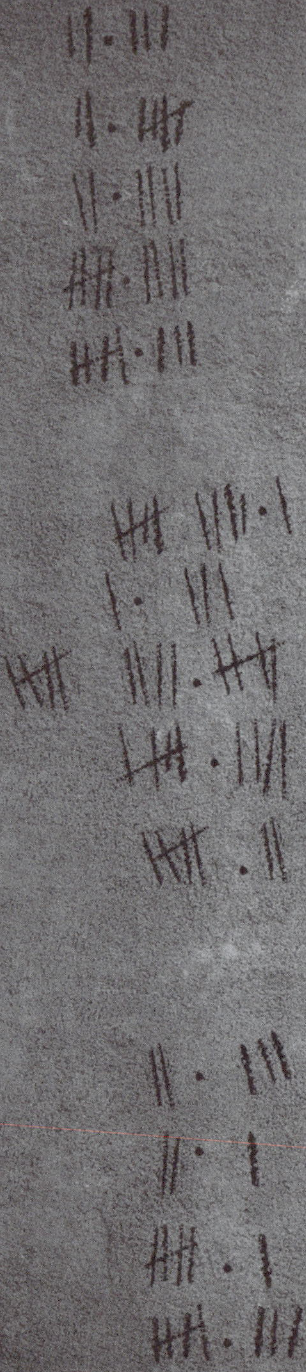

ÉNIGME

Peux-tu trouver le mot à 6 lettres qui te permettra de déverrouiller la porte ?

STOP !

Ne tourne pas la page avant d'avoir ouvert cette porte.

LA RÉSERVE SECRÈTE | INDICE

Au moment où je passai la porte, je sentis une vague d'air froid dans mon dos. Je me trouvais dans un vaste sous-sol, où le moindre bruit résonnait, rempli de grosses caisses en bois et d'objets anciens mystérieux, autrefois contemplés par les foules, mais condamnés aujourd'hui à rester dans cet entrepôt humide. Je me mis à faire le tour des étagères pour regarder ces objets étranges.

Je sortis une caisse en bois poussiéreuse qui portait l'inscription «verrous de rechange» et y trouvai une boîte cabossée où était écrit «clés de rechange». J'ouvris la boîte tout en me souvenant que je savais quelles clés possédait chaque membre du personnel. Soudain, je compris que ces clés pouvaient être un autre indice précieux pour mon enquête.

J'étais heureuse d'avoir une lampe et une loupe en ma possession.

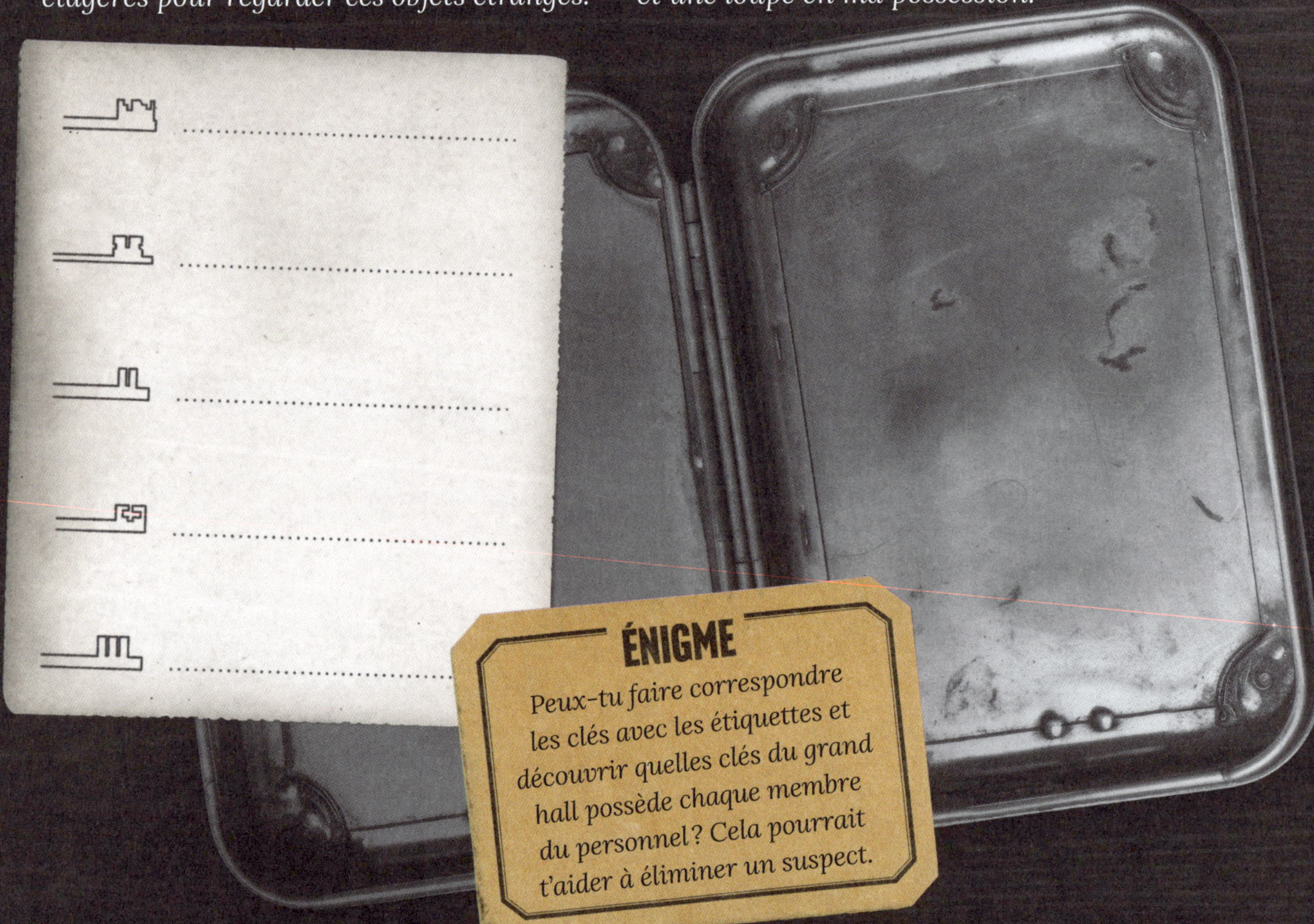

ÉNIGME

Peux-tu faire correspondre les clés avec les étiquettes et découvrir quelles clés du grand hall possède chaque membre du personnel? Cela pourrait t'aider à éliminer un suspect.

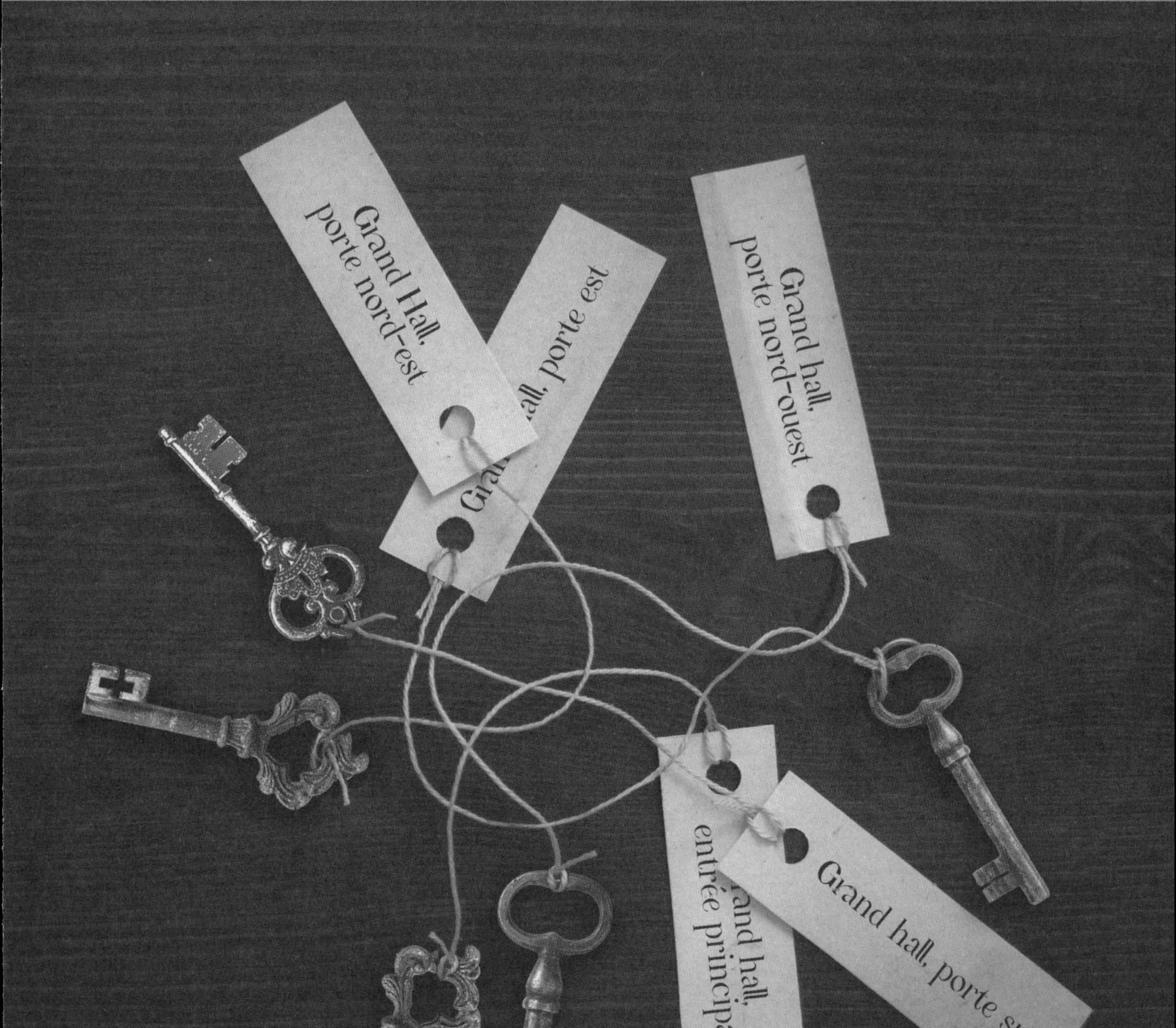
Grand Hall,
porte nord-est
all, porte est
Gran
Grand hall,
porte nord-ouest
and hall,
entrée principale
Grand hall, porte sud

LA RÉSERVE SECRÈTE | INDICE

Au moment où je passai la porte, je sentis une vague d'air froid dans mon dos. Je me trouvais dans un vaste sous-sol, où le moindre bruit résonnait, rempli de grosses caisses en bois et d'objets anciens mystérieux, autrefois contemplés par les foules, mais condamnés aujourd'hui à rester dans cet entrepôt humide. Je me mis à faire le tour des étagères pour regarder ces objets étranges.

Je sortis une caisse en bois poussiéreuse qui portait l'inscription «verrous de rechange» et y trouvai une boîte cabossée où était écrit «clés de rechange». J'ouvris la boîte tout en me souvenant que je savais quelles clés possédait chaque membre du personnel. Soudain, je compris que ces clés pouvaient être un autre indice précieux pour mon enquête.

J'étais heureuse d'avoir une lampe et une loupe en ma possession.

ÉNIGME

Peux-tu faire correspondre les clés avec les étiquettes et découvrir quelles clés du grand hall possède chaque membre du personnel ? Cela pourrait t'aider à éliminer un suspect.

Grand Hall
porte nord-est
Hall porte est
Grand Hall
porte nord-ouest
Grand Hall porte sud

LA RÉSERVE SECRÈTE | INDICE

Au moment où je passai la porte, je sentis une vague d'air froid dans mon dos. Je me trouvais dans un vaste sous-sol, où le moindre bruit résonnait, rempli de grosses caisses en bois et d'objets anciens mystérieux, autrefois contemplés par les foules, mais condamnés aujourd'hui à rester dans cet entrepôt humide. Je me mis à faire le tour des étagères pour regarder ces objets étranges.

Je sortis une caisse en bois poussiéreuse qui portait l'inscription «verrous de rechange» et y trouvai une boîte cabossée où était écrit «clés de rechange». J'ouvris la boîte tout en me souvenant que je savais quelles clés possédait chaque membre du personnel. Soudain, je compris que ces clés pouvaient être un autre indice précieux pour mon enquête.

J'étais heureuse d'avoir une lampe et une loupe en ma possession.

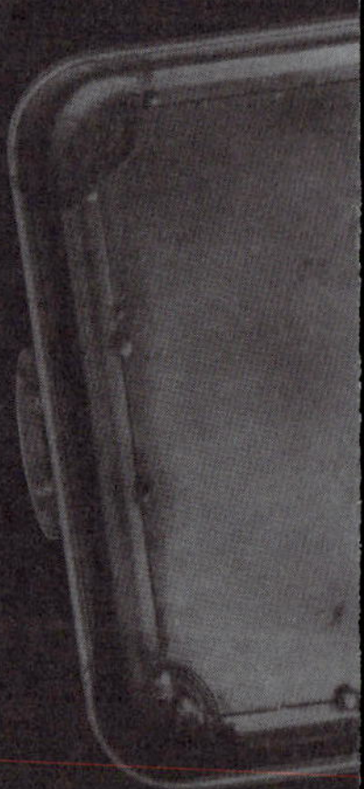

ÉNIGME

Peux-tu faire correspondre les clés avec les étiquettes et découvrir quelles clés du grand hall possède chaque membre du personnel? Cela pourrait t'aider à éliminer un suspect.

Grand Hall,
porte nord-est
Grand hall,
porte nord-ouest
Grand hall, porte sud

LA RÉSERVE SECRÈTE | INDICE

Au moment où je passai la porte, je sentis une vague d'air froid dans mon dos. Je me trouvais dans un vaste sous-sol, où le moindre bruit résonnait, rempli de grosses caisses en bois et d'objets anciens mystérieux, autrefois contemplés par les foules, mais condamnés aujourd'hui à rester dans cet entrepôt humide. Je me mis à faire le tour des étagères pour regarder ces objets étranges.

Je sortis une caisse en bois poussiéreuse qui portait l'inscription «verrous de rechange» et y trouvai une boîte cabossée où était écrit «clés de rechange». J'ouvris la boîte tout en me souvenant que je savais quelles clés possédait chaque membre du personnel. Soudain, je compris que ces clés pouvaient être un autre indice précieux pour mon enquête.

J'étais heureuse d'avoir une lampe et une loupe en ma possession.

ÉNIGME

Peux-tu faire correspondre les clés avec les étiquettes et découvrir quelles clés du grand hall possède chaque membre du personnel? Cela pourrait t'aider à éliminer un suspect.

DOSSIERS DU PERSONNEL | INDICE

J'avançai dans l'entrepôt obscur. Sur une affiche figuraient les numéros d'employé de tout le personnel. Malheureusement, une grosse tache d'encre recouvrait les noms, mais en regardant tout autour, je me rendis compte que j'en savais suffisamment pour deviner les noms moi-même.

ÉNIGME

Peux-tu faire correspondre chaque numéro d'employé avec chaque membre du personnel ?

NUMÉROS D'EMPLOYÉ
DU PERSONNEL DU MUSÉE

2404
0901
9904
0102
2201
2503
1101
1302

Deux premiers chiffres : année d'entrée en fonction

Deux seconds chiffres : code du poste

01 – Direction (directeur, président)
02 – Personnel administratif (responsables)
03 – Relations publiques
04 – Tout autre membre du personnel

PHOTOGRAPHIE DU MUSÉE JUIN 1921

PHOTOGRAPHIE DES MEMBRES DU PERSONNEL MAI 1910

JOURNAL DES APPELS TÉLÉPHONIQUES | INDICE

En arrivant au fond de la pièce, je vis un gros standard téléphonique avec des câbles qui partaient dans toutes les directions. À côté, je remarquai un petit carnet vert qui servait à noter tous les appels entrants et sortants du musée. Je notai également que l'une des anciennes photographies du personnel était suspendue en biais, laissant apparaître un morceau de papier peint non décoloré. On l'avait peut-être déplacée récemment ? Je la décrochai, retirai le carton du cadre et, comme prévu, j'y trouvai la page manquante, pliée en toute hâte et placée là pour ne pas qu'on la découvre.

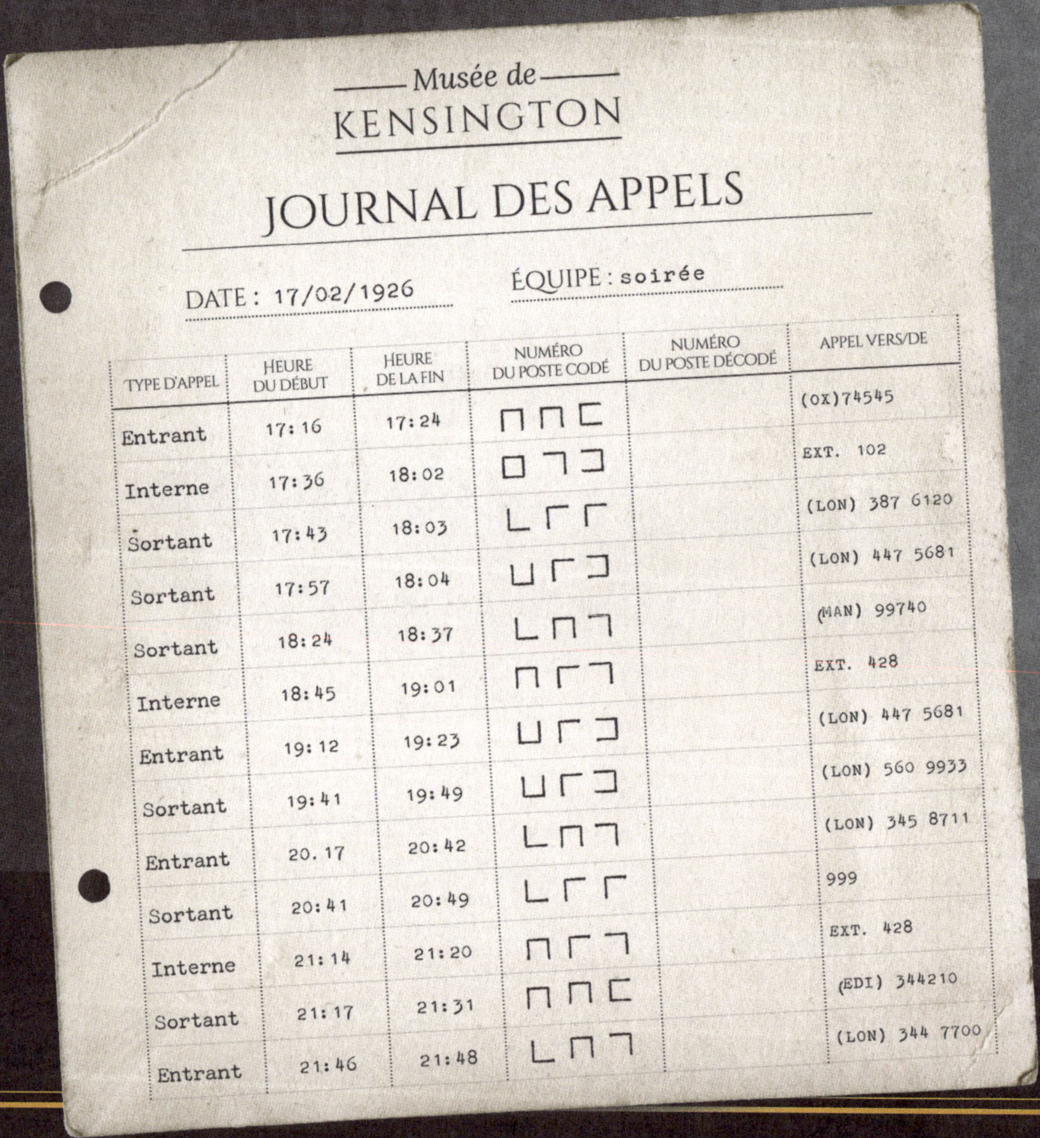

Musée de KENSINGTON

JOURNAL DES APPELS

DATE : 17/02/1926 ÉQUIPE : soirée

TYPE D'APPEL	HEURE DU DÉBUT	HEURE DE LA FIN	NUMÉRO DU POSTE CODÉ	NUMÉRO DU POSTE DÉCODÉ	APPEL VERS/DE
Entrant	17:16	17:24	⊓ ⊓ ⊏		(OX)74545
Interne	17:36	18:02	□ ┐ ⊐		EXT. 102
Sortant	17:43	18:03	└ ┌ ┌		(LON) 387 6120
Sortant	17:57	18:04	⊔ ┌ ⊐		(LON) 447 5681
Sortant	18:24	18:37	└ ⊓ ┐		(MAN) 99740
Interne	18:45	19:01	⊓ ┌ ┐		EXT. 428
Entrant	19:12	19:23	⊔ ┌ ⊐		(LON) 447 5681
Sortant	19:41	19:49	⊔ ┌ ⊐		(LON) 560 9933
Entrant	20. 17	20:42	└ ⊓ ┐		(LON) 345 8711
Sortant	20:41	20:49	└ ┌ ┌		999
Interne	21:14	21:20	⊓ ┌ ┐		EXT. 428
Sortant	21:17	21:31	⊓ ⊓ ⊏		(EDI) 344210
Entrant	21:46	21:48	└ ⊓ ┐		(LON) 344 7700

ÉNIGME

Peux-tu décoder les numéros de poste du carnet d'appels ?

STANDARD TÉLÉPHONIQUE | INDICE

Je m'attaquai au standard lui-même et compris qu'il pourrait me servir dans mon enquête.

ÉNIGME

Peux-tu te servir du standard téléphonique pour faire correspondre les numéros de poste à 3 chiffres avec chaque membre du personnel ?

ENTRÉE
SORTIE
LIGNES INT
BC
EK
MH
VR
ST. C
SC
HW
RN
LIGNES EXT
N° EXT
100
200
300
400
500
8
10
12
14
16
18
20
22
24
26
28

LE PERSONNEL DU MUSÉE | INDICE

J'étais en train de noter les numéros de poste quand j'entendis une voix derrière moi.

«Vous voilà, Inspecteur.

Je me retournai et découvris la silhouette maigre et élancée, reconnaissable entre toutes, de Vincent Robert.

— Je pensais que le gardien avait été clair... Dans le sous-sol sont autorisés uniquement les membres du personnel, me dit-il avant d'allumer. En face de moi se tenaient tous les employés du musée.

— Pourquoi êtes-vous tous ici? demandai-je, soudain un peu nerveuse.

— Nous voulons que vous nous disiez qui a volé l'Œil du Tigre, me lança Harriet Wheeler, dont le ton n'était plus du tout amical. Vous avez eu tout le temps de fouiller dans nos affaires.

— Restons courtois, Harriet renchérit Madame Knight. L'inspecteur ne fait que son travail.

— Dites-nous qui a volé cette satanée pierre, grommela Bill.

Un brouhaha strident s'éleva: certains exigeaient mes conclusions, d'autres s'accusaient du crime. C'était la première fois que j'observais tous les suspects ensemble et je compris que je pouvais en déduire un autre indice.

ÉNIGME

Peux-tu déterminer les tailles des membres du personnel?

TAILLE DES MEMBRES DU PERSONNEL

1 m 42
1 m 67
1 m 75
1 m 77
1 m 77
1 m 80
1 m 82
1 m 87

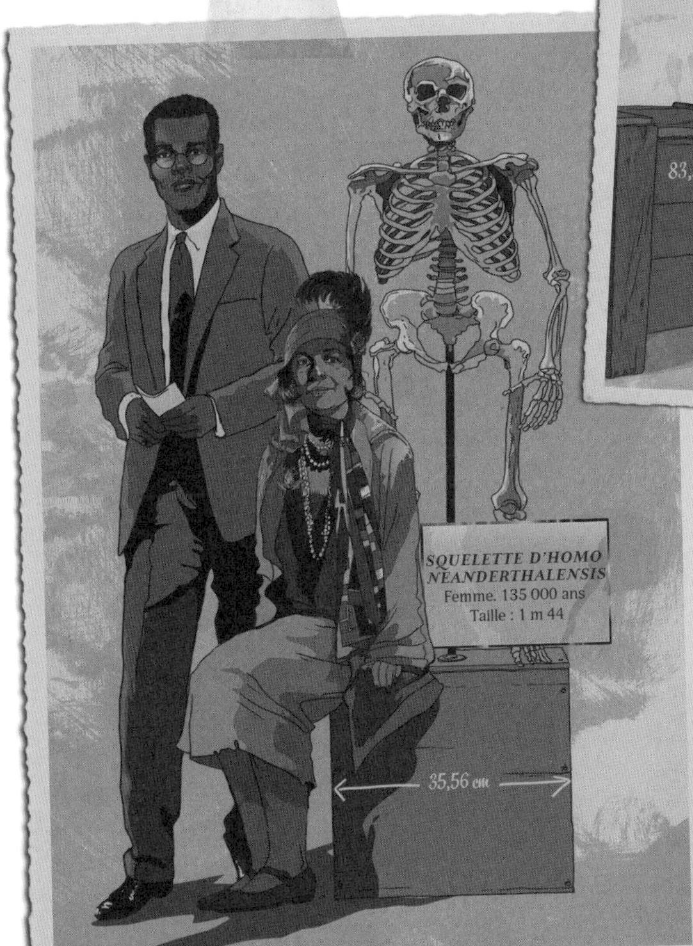

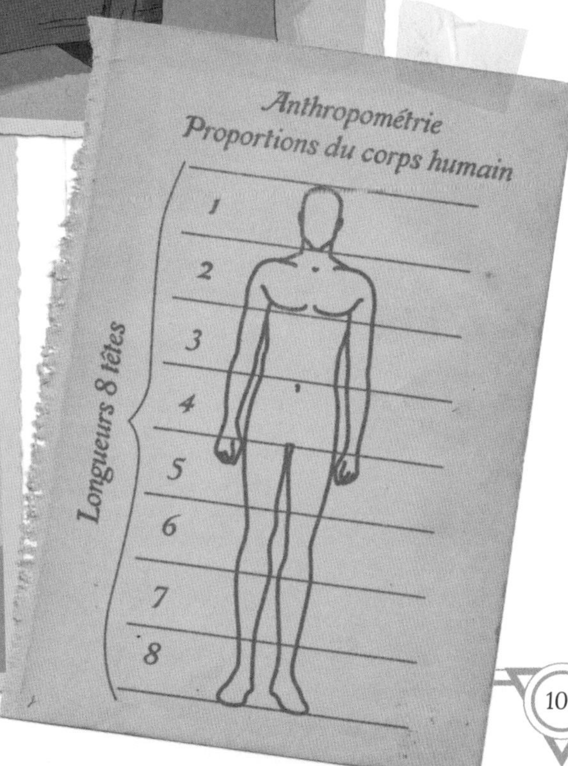

DÉNOUEMENT

Je terminai de noter les tailles des uns et des autres et jetai un œil tout autour, dans la pièce humide et sombre, parcourant du regard chacun des suspects.

– Allez, Waterstone, nous vous attendons, me dit froidement Mary Hawkins.

Tous les huit avaient un mobile pour voler l'Œil du Tigre, mais j'avais maintenant assez de preuves pour éliminer sept des suspects et trouver qui avait commis le délit.

Si tu penses que le ou la coupable est :

Monsieur Stephen Cartwright va à la page 116.

Bill Cooper va à la page 114.

Sam Cooper va à la page 111.

Mary Hawkins va à la page 117.

Madame Elizabeth Knight va à la page 113.

Le professeur Richard Novembre va à la page 112.

Vincent Robert va à la page 110.

Harriet Wheeler va à la page 115.

RÉSOUS L'AFFAIRE

Grâce à toutes les informations que tu as recueillies jusqu'à présent, peux-tu éliminer sept des huit suspects et trouver qui a volé l'Œil du Tigre ?

L'AGENCE DES MYSTÈRES

Important

Assure-toi d'être certain des faits avant d'accuser un suspect ! Si tu penses qu'une preuve que tu as recueillie peut être inexacte, tu peux la vérifier en consultant les pages des indices et des solutions qui se trouvent à la fin de l'ouvrage ou en ligne à l'adresse themysteryagency.com/hints. Quand tu es prêt à lancer tes accusations, suis les consignes ci-dessus. Si tu t'es trompé, tu seras redirigé ici et tu pourras avoir une nouvelle chance.

ACCUSATION | VINCENT ROBERT

Je souris à la troupe grimaçante des suspects que seule éclairait une ampoule accrochée au plafond peu élevé.

« J'ai passé ma soirée à découvrir le musée, les détails du délit et chacun d'entre vous, commençai-je. Et je peux maintenant vous donner mes conclusions. Pour sept d'entre vous, cette épreuve est terminée, mais pour celui qui reste, la nuit ne fait que commencer. Celui qui a volé l'Œil du Tigre est… Vincent Robert !

Le groupe ne put retenir une exclamation et se tourna vers Vincent.

— Comment osez-vous ? me répondit Vincent. J'ai travaillé dans ce musée pendant dix-sept ans. Pourquoi diable ferais-je une chose pareille ?

— Nous savons tous pourquoi, lança Elizabeth. Depuis des années, vous cherchez à prendre le poste de directeur. Vous êtes contre moi depuis le début et vous avez tout fait pour causer ma perte. Stephen m'a parlé des lettres que vous ne cessez de lui envoyer.

— Vous venez de m'en écrire une ce soir me disant que Madame Knight devrait se retirer, ajouta Stephen.

— Vous avez clairement un mobile, Monsieur Robert, dis-je pour conclure.

— Je suis d'accord, ajouta Mary Hawkins.

— Mais vous savez que la pierre a été volée dans un très court laps de temps, n'est-ce pas ? lança Robert, de sa voix basse et rauque.

— Oui, lui répondis-je, ce soir, entre 20 h 30 et 20 h 32.

— C'est bien ce que je disais, déclara Vincent souriant et hautain. J'étais au téléphone dans mon bureau. En regardant le journal des appels, vous verrez que mon poste, la ligne 312, était la seule occupée à ce moment-là. Cette page du journal d'appels m'innocente. Peut-être que quelqu'un l'a cachée », dit-il en jetant un regard noir à Elizabeth et Stephen.

Je repensai aux enregistrements des appels et au standard et je compris qu'il disait vrai et que j'étais dans l'erreur. Vincent Robert ne pouvait pas avoir volé l'Œil du Tigre.

Reviens à la page 109 et essaye encore une fois.

ACCUSATION | SAM COOPER

Je souris à la troupe grimaçante des suspects que seule éclairait une ampoule accrochée au plafond peu élevé.

« J'ai passé ma soirée à découvrir le musée, les détails du délit et chacun d'entre vous, commençai-je. Et je peux maintenant vous donner mes conclusions. Pour sept d'entre vous, cette épreuve est terminée, mais pour celui qui reste, la nuit ne fait que commencer. Celui qui a volé l'Œil du Tigre est... Sam Cooper !

Le groupe ne put retenir une exclamation et se tourna vers Sam qui était devenue pâle.

— Sam ? s'esclaffa Monsieur Stephen incrédule.

— Impossible, grogna Bill, ma Sam est une bonne petite !

— Ce ne peut pas être elle, ajouta Madame Knight. C'est une employée modèle.

— Dans certaines circonstances, chacun d'entre nous est capable de faire de vilaines choses, dis-je.

— Quelles circonstances ? demanda Harriet Wheeler.

— Je le savais, déclara Mary, cynique.

— N'est-il pas exact, Monsieur Cooper, que vous êtes très endetté ? demandai-je simplement. Je pense que votre fille a volé l'Œil du Tigre pour vous aider à vous sortir d'une situation difficile.

— Comment pouvez-vous... ! » lança Bill, furieux.

Sam semblait se remettre du choc. « J'ai peur que vous ne fassiez erreur Détective... L'agent Waddington m'a parlé des déclarations des témoins dont une seule seulement est fiable d'après vous. Cette déclaration m'innocente, car le voleur que le témoin a vu mesurait au maximum 1 m 82. Je fais 1 m 87. En fait, je suis le seul membre du personnel à faire plus d'1 m 82, ce ne pouvait donc pas être moi. »

Je regardai Sam et remarquai qu'elle dépassait tous les autres suspects. Je sortis la déclaration chiffonnée de ma poche et relus les derniers mots : hauteur 1 m 82 au maximum. Je compris que j'avais tort. Sam Cooper ne pouvait pas avoir commis le délit.

Retourne à la page 109 et essaye à nouveau.

ACCUSATION | PROFESSEUR RICHARD NOVEMBRE

Je souris à la troupe grimaçante des suspects que seule éclairait une ampoule accrochée au plafond peu élevé.

« J'ai passé ma soirée à découvrir le musée, les détails du délit et chacun d'entre vous, commençai-je. Et je peux maintenant vous donner mes conclusions. Pour sept d'entre vous, cette épreuve est terminée, mais pour celui qui reste, la nuit ne fait que commencer. Celui qui a volé l'Œil du Tigre est… Richard Novembre !

Le groupe ne put retenir une exclamation et se tourna vers Richard.

— Allons, ce n'est pas raisonnable, répondit Richard. Je n'ai rien fait de tel.

— Si ! Vous feriez n'importe quoi pour avoir votre télescope ! lui lança Harriet.

— C'est vrai, ajouta Monsieur Stephen en haussant les épaules.

— Je suis d'accord, l'affaire est conclue, dit Mary Hawkins.

— Attendez, dit le Professeur. Je n'ai pas volé la pierre et je crois pouvoir le prouver. Que chacun sorte ses clés.

Les membres du groupe fouillèrent dans leurs poches et sortirent plusieurs trousseaux que j'avais vus auparavant dans l'armoire à clés.

— L'agent Waddington nous a dit que chaque déclaration de témoin, y compris celle qui est fiable d'après vous, précisait que le voleur avait couru le long du couloir à gauche du bâtiment, ce qui veut dire qu'il est sorti du grand hall par la porte nord-ouest, déclara Richard.

— Et c'est la porte que Bill a trouvée déverrouillée quand il arrivé sur la scène du crime, continua Madame Knight.

— Oui, c'était la seule qui n'était pas fermée, ajouta Bill.

— Cela veut dire que le voleur en avait la clé. Vous constaterez que je suis le seul membre du personnel qui n'a pas la clé de la porte nord-ouest, conclut Richard. »

Les autres jetèrent un œil sur leurs clés. Je compris que quelque chose m'avait échappé. Le Professeur Richard Novembre n'avait pas volé l'Œil du Tigre.

Retourne à la page 109 et essaye à nouveau.

ACCUSATION | MADAME ELIZABETH KNIGHT

Je souris à la troupe grimaçante des suspects que seule éclairait une ampoule accrochée au plafond peu élevé.

« J'ai passé ma soirée à découvrir le musée, les détails du délit et chacun d'entre vous, commençai-je. Et je peux maintenant vous donner mes conclusions. Pour sept d'entre vous, cette épreuve est terminée, mais pour celui qui reste, la nuit ne fait que commencer. Celui qui a volé l'Œil du Tigre est… Madame Elizabeth Knight !

Le groupe ne put retenir une exclamation et se tourna vers Elizabeth.

— Moi, répliqua-t-elle, incrédule. C'est moi qui ai appelé la police.

— C'était une ruse, lança Vincent, ravi.

— Oh, ça va Robert, fit Monsieur Stephen, irrité. Vous ne serez jamais le directeur du musée.

Vincent se renfrogna et partit dans un coin.

— Alors dites-moi pourquoi vous avez souscrit une police d'assurance pour l'Œil à votre nom ? demandai-je.

— Car elle veut faire coup double ! Voler la pierre et récupérer l'assurance, déclara Bill.

— La vérité, dit Madame Knight en s'adressant à Bill, c'est que j'ai mis l'assurance à mon nom, car je savais que quelqu'un dans ce musée n'était pas fiable, et j'avais raison, n'est-ce pas ? Depuis que j'ai commencé à travailler au musée, je n'ai vu que des coups bas et des insubordinations. Je n'ai pas pu voler l'Œil. Même Richard le sait.

— C'est exact, répondit le Professeur. Comme vous le savez sûrement, je suis moi-même détective à mes heures perdues. Le mois dernier par exemple, mon voisin, Monsieur Godfrey m'a demandé de résoudre le mystère de sa Bentley qui avait disparu.

— Et où était-elle ? demanda Harriet sèchement.

— Je l'avais empruntée sans rien dire, répliqua le Professeur, penaud. Mais je la lui ai restituée avec le plein. Affaire conclue !

— Enfin, Richard ! cria Elizabeth.

— Oh, oui, excusez-moi. Le Professeur se racla la gorge. Eh bien Inspecteur, vous vous souvenez que nous avons discuté du fragment d'empreinte trouvé sur la lampe ? Vous avez dit que ce devait être une boucle ou une spirale. En fait, Madame Knight est le seul membre du personnel dont l'empreinte est une arche. Son numéro d'employé est le 1101.

— Ça n'a pas pu être moi », affirma Elizabeth.

Je repensai aux empreintes et à mon travail de déchiffrage des numéros d'employés. Je compris qu'ils avaient raison et que j'avais tort. Madame Elizabeth Knight ne pouvait pas avoir volé l'Œil du Tigre.

Retourne à la page 109 et essaye à nouveau.

ACCUSATION | BILL COOPER

Je souris à la troupe grimaçante des suspects que seule éclairait une ampoule accrochée au plafond peu élevé.

« J'ai passé ma soirée à découvrir le musée, les détails du délit et chacun d'entre vous, commençai-je. Et je peux maintenant vous donner mes conclusions. Pour sept d'entre vous, cette épreuve est terminée, mais pour celui qui reste, la nuit ne fait que commencer. Celui qui a volé l'Œil du Tigre est… Bill Cooper !

Le groupe ne put retenir une exclamation et se tourna vers Bill.

— Foutaises ! lança Bill très en colère. J'nai pas volé quoi qu'ce soit ! Et certainement pas l'Œil du Léopard !

— L'Œil du Tigre ! crièrent tous les autres.

— Appelez-le comme vous le voulez, je n'ai rien volé du tout, affirma Bill avec véhémence.

— Alors comment allez-vous faire pour rembourser tout l'argent que vous devez à Arthur Grimshaw de la banque Redwood ? demanda Mary Hawkins brusquement.

— Mary ! la reprit Sam. Ne t'inquiète pas, papa, tout ira bien.

— J'ai peut-être des dettes, mais je ne les aurais jamais réglées en volant, insista Bill. Je sais que vous avez des preuves qui m'innocentent, Inspecteur. Il y a dix minutes, au moment où je balayais, j'ai vu que la porte de la réserve secrète était ouverte. Je suis entré et j'ai vu que mes dossiers médicaux avaient été consultés. Si vous les avez lus, vous savez que je souffre d'arthrite sévère à mes deux mains, et que je n'ai plus de poigne. Vous savez aussi que les boulons de la colonne étaient très fermement serrés. Comment aurais-je pu les dévisser avec les mains que j'ai ? »

Tout à coup, je me souvins des rapports médicaux que j'avais vus dans la réserve secrète. J'avais compris en regardant les ascenseurs que Bill était le seul membre du personnel à peser 63,50 kg. Ces dossiers médicaux devaient lui appartenir. Je regardai Bill qui semblait très en colère et je compris que j'avais fait une terrible erreur. Bill n'avait pas volé l'Œil du Tigre.

Retourne à la page 109 et essaye à nouveau.

ACCUSATION | HARRIET WHEELER

Je souris à la troupe grimaçante des suspects que seule éclairait une ampoule accrochée au plafond peu élevé.

« J'ai passé ma soirée à découvrir le musée, les détails du délit et chacun d'entre vous, commençai-je. Et je peux maintenant vous donner mes conclusions. Pour sept d'entre vous, cette épreuve est terminée, mais pour celui qui reste, la nuit ne fait que commencer. Celui qui a volé l'Œil du Tigre est… Harriet Wheeler !

Le groupe ne put retenir une exclamation et se tourna vers Harriet.

— Moi ? fit-elle incrédule.

— Vous aviez un mobile, continuai-je. Vous croyez fermement à la magie. Vous êtes membre de l'association mystique de Kensington, connue sous le nom de Stone Eagle. Cette association pratique la sorcellerie, la vénère et l'étudie, n'est-ce pas ?

— Quelles bêtises ! murmura Madame Knight.

— Il est là le problème, poursuivis-je. Les universitaires et les chercheurs qui travaillent ici au musée se montrent très critiques sur toutes ces croyances.

— Le poids de la preuve pour une affirmation extraordinaire doit être proportionnel à son degré d'étrangeté, insista le Professeur Novembre.

— Harriet Wheeler, vous avez volé l'Œil du Tigre avant tout pour faire vivre sa légende, j'imagine aussi que la vente de la pierre permettrait à l'association mystique de Kensington de continuer ses travaux pendant pas mal d'années, lui dis-je.

— Soit, je suis bien membre de l'association mystique de Kensington, dit Harriet en se tournant vers moi. Mais je n'ai pas volé l'Œil du Tigre. Je crois en la sorcellerie et je la respecte. Si vous avez décodé la dernière lettre secrète que j'ai reçue de l'association mystique, qui se trouvait sur le panneau d'information, vous savez que j'ai assisté à ma première réunion entre 20 h et 21 h cette même soirée. Je n'ai donc pas pu voler la pierre », fit Harriet avec dédain.

Je repensai à la lettre qui figurait sur le panneau d'information et le message que j'avais déchiffré en suivant les mots de cinq en cinq… Je compris qu'Harriet avait un alibi. Elle avait raison et j'avais tort. Elle ne pouvait pas avoir volé l'Œil du Tigre.

Retourne à la page 109 et essaye à nouveau.

ACCUSATION | MONSIEUR STEPHEN CARTWRIGHT

Je souris à la troupe grimaçante des suspects que seule éclairait une ampoule accrochée au plafond peu élevé.

« J'ai passé ma soirée à découvrir le musée, les détails du délit et chacun d'entre vous, commençai-je. Et je peux maintenant vous donner mes conclusions. Pour sept d'entre vous, cette épreuve est terminée, mais pour celui qui reste, la nuit ne fait que commencer. Celui qui a volé l'Œil du Tigre est… Stephen Cartwright !

Le groupe ne put retenir une exclamation et se tourna vers Stephen.

— Moi ? cria Monsieur Stephen, incrédule. Vous avez été bien négligente si vous pensez que c'est moi.

— Comment pouvons-nous savoir que ce n'est pas vous ? demanda Mary Hawkins.

— Parce que…, commença-t-il.

— Non ! s'exclama Harriet, ne dis rien, Stephen, ils ne comprendront pas.

— Je dois le leur dire Harriet, c'est la seule façon de m'innocenter, répliqua Stephen, alors que nous les regardions surpris. Harriet et moi-même avons une liaison depuis quelques mois.

Les autres laissèrent échapper une exclamation et Harriet s'appuya contre l'une des caisses en bois. Stephen se tourna vers moi.

— Je suis surpris que vous n'ayez pas remarqué tous les appels passés entre nos bureaux respectifs qui figurent sur le journal des appels. Mais je sais que vous avez trouvé la lettre codée qu'Harriet m'a écrite. Je ne l'ai pas trouvée dans mon bureau et j'ai demandé à Harriet si elle l'avait vue, elle m'a répondu qu'elle vous avait vue, à travers sa porte, en train de la lire dans le hall. Cette lettre ne pouvait être adressée qu'à moi. Elle commence par "Mon cher Capricorne". Je suis le seul capricorne parmi les membres du personnel. La lettre dit aussi que j'ai laissé mes chaussures, des Richelieu pointure 10, chez Harriet. Et je sais que l'empreinte trouvée sur la scène du crime correspondait à une pointure de taille 7 à 9. Ce ne peut donc pas être moi, n'est-ce pas ? conclut-il. »

Je sortis lentement de la poche la lettre chiffonnée d'Harriet et regardai les hiéroglyphes. Capricorne, Richelieu, taille 10. C'était écrit noir sur blanc. Je compris que mes soupçons vis-à-vis de Monsieur Stephen n'étaient pas fondés.

Retourne à la page 109 et essaye à nouveau.

ACCUSATION | MARY HAWKINS

Je souris à la troupe grimaçante des suspects que seule éclairait une ampoule accrochée au plafond peu élevé.

« J'ai passé ma soirée à découvrir le musée, les détails du délit et chacun d'entre vous, commençai-je. Et je peux maintenant vous donner mes conclusions. Pour sept d'entre vous, cette épreuve est terminée, mais pour celui qui reste, la nuit ne fait que commencer. Celui qui a volé l'Œil du Tigre est… Mary Hawkins !

Le groupe ne put retenir une exclamation et se tourna vers Mary.

— Je n'ai rien fait de tel ! me répondit-elle.

— Votre mobile est clair, Mademoiselle Hawkins, continuai-je, vous adoriez l'Œil du Tigre, tout simplement.

— Peut-être, mais je ne l'ai pas volé, répliqua-t-elle.

— J'ai bien peur que si, Mademoiselle Hawkins, et je peux le prouver, commençai-je. En fait, vous êtes la seule parmi les huit suspects qui aurait pu le voler.

Mary Hawkins fronça les sourcils.

— Prenez Bill Cooper par exemple. Vous m'avez dit plus tôt dans la soirée qu'il avait des raisons de voler la pierre pour rembourser ses dettes, mais j'ai découvert des dossiers médicaux codés qui, d'après le poids du patient qui y figure, ne pouvaient appartenir qu'à Bill. Ces dossiers confirment que Bill souffre d'arthrite. Les boulons retirés de la vitrine en verre qui recouvrait l'Œil du Tigre étaient très serrés, ils auraient été difficiles à retirer pour n'importe qui, mais pour quelqu'un qui n'a plus de poigne, comme le stipulent les dossiers médicaux, cela aurait été impossible. Je repris mon souffle et me dirigeai vers Sam Cooper.

— Sam Cooper aurait pu voler la pierre pour le compte de son père, mais d'après une déclaration de témoin fiable, nous savons que le voleur faisait au plus 1 m 82. Sam Cooper fait 1 m 87 et ne peut donc pas être notre voleur.

Je me tournai vers Harriet Wheeler.

— Harriet, la responsable des antiquités, croit au pouvoir magique de la pierre et aurait pu vouloir voler l'Œil du Tigre pour faire perdurer sa légende. Toutefois, deux feuilles de correspondance codée, une lettre secrète et un message sur le panneau d'information prouvent qu'elle était à une réunion à l'association mystique de Kensington ce soir, entre 20 h et 21 h. Ainsi, elle ne pouvait pas voler la pierre entre 20 h 30 et 20 h 32.

Je m'approchai de Vincent Robert.

— Madame Wheeler n'est pas la seule à avoir un alibi. Vincent Robert est celui qui a le meilleur mobile, certes, il convoitait le poste de directeur du musée depuis son recrutement en tant que directeur adjoint en 1909. Une pierre valant 50 000 livres volée sous la surveillance de Madame Knight aurait pu lui permettre de concrétiser ses ambitions. Mais si l'on examine le standard téléphonique et le journal des appels, on peut prouver qu'un membre du personnel était dans son bureau au moment où l'Œil du Tigre a été volé, et cet employé, c'est Vincent Robert, dont le numéro de poste est le 312.

Robert me sourit et je me dirigeai vers Monsieur Stephen.

— Stephen Cartwright avait un mobile, tout comme il avait une liaison secrète. D'après le nombre d'appels enregistrés dans le journal, je dirais que c'est avec Harriet Wheeler.

Monsicur Stephen et Harriet se regardèrent gênés.

— Oui, c'est bien ce que je croyais, continuai-je alors que le reste de l'assemblée réprimait un gloussement. Mais heureusement pour lui, cette liaison l'innocente. J'ai découvert une note écrite par Harriet en hiéroglyphes et adressée à “mon cher Capricorne”. En déchiffrant vos dates de naissance, j'ai découvert que Stephen est le seul capricorne du personnel. Dans cette note, Harriet rappelle au capricorne qu'il a oublié dans sa salle de séjour une paire de chaussures Richelieu de pointure 10. D'après l'empreinte trouvée sur la scène du crime, on sait que le voleur faisait du 7, du 8 ou du 9. Monsieur Stephen ne peut pas être le voleur, dis-je pour conclure avant de me diriger vers Madame Knight.

— Les numéros d'employé confirment que Madame Knight est le seul membre du personnel à avoir une empreinte en forme d'arche. L'empreinte partielle trouvée sur la scène du crime est clairement une boucle ou une spirale, ainsi, elle n'a pas pu être laissée par Madame Knight, dis-je.

— Enfin, nous savons que le voleur est entré dans le grand hall par la porte nord-ouest, la laissant ouverte derrière lui. Aucune force n'a été utilisée pour ouvrir cette porte et donc, le voleur possédait une clé. Le seul à ne pas avoir de clé de la porte nord-ouest du grand hall est Richard Novembre. De ce fait, il n'a pas pu entrer par cette porte et voler la pierre. Sept suspects ne peuvent pas avoir commis ce crime. Il n'en reste qu'un seul. Mademoiselle Hawkins, c'est vous qui avez volé l'Œil du Tigre !

Les autres se tournèrent vers Mary, bouche bée. Mary me regarda fixement un instant, puis sourit et sortit de sa poche la pierre étincelante.

— Bien joué, Détective ! dit Mary froidement, en entrant à reculons dans le troisième ascenseur dont elle tira la grille. Mais je suis trop rapide pour vous.

— À vous, Waddington ! criai-je.

— AH-HA ! mugit une voix, et l'agent Waddington tomba comme une pierre du plafond du second ascenseur pour atterrir sur le sol métallique.

— Oh ! Désolé, ce n'est pas le bon ascenseur, dit-il en se relevant. »

Mary poussa un rire diabolique, appuya sur le bouton du rez-de-chaussée et l'ascenseur disparut.

Va à la page 120.

LA POURSUITE

Les autres suspects et moi-même nous sommes entassés rapidement dans l'autre ascenseur, mais quand les portes s'ouvrirent dans le grand hall, Mary Hawkins avait disparu.

« Par ici ! cria Waddington.

— Non non ! Je suis sûr qu'elle se cache sous les armoires du hall des minéraux, dit Richard en se précipitant dans cette direction. C'est là que je me cacherais !

Alertés par le chahut, les six autres agents de police qui avaient aidé Waddington plus tôt entrèrent en courant dans la pièce, en déverrouillant toutes les portes.

— Est-ce que l'un de vous l'a vue ? demandai-je.

Les six jeunes agents se regardèrent ahuris et firent non de la tête. L'agent Waddington poussa un soupir.

— Allez les gars ! aboya-t-il, l'un d'entre vous doit avoir vu le contrevenant !

— Ce n'est pas grave, Waddington, dis-je. Dites-moi simplement où vous étiez. Les officiers se regardèrent encore une fois, l'air ahuri.

— Euh, j'étais dans une pièce avec quatre portes, répondit un agent de grande taille à l'air fragile qui essayait de sourire.

— J'étais dans un couloir, à l'angle du bâtiment, ajouta un agent de petite taille et assez corpulent.

ÉNIGME

Dans quelle salle du musée se cache Mary Hawkins ?

— Je regardais une exposition vraiment captivante sur la formation de la Terre, déclara un agent plutôt beau garçon, mais très pâle, qui s'efforçait de parler d'une voix douce.

— Je me renseignais sur les planètes, lança un quatrième.

— Je sortais tout juste des toilettes, fit un autre, penaud.

— Je me trouvais à l'intersection du couloir est et d'un autre petit couloir qui se dirige vers l'ouest de la galerie d'art moderne. J'ai surveillé toutes les directions, je n'ai vu personne aller par là, déclara avec précision un agent qui semblait légèrement impatient.

— Il n'y a rien ici ! » affirma Richard qui revenait du hall des minéraux, visiblement surexcité.

Je regardai mon plan et mes notes au sujet des clés que Mary Hawkins avait sur son trousseau et je compris que j'avais tous les éléments pour la trouver.

LE SARCOPHAGE

J'allai tout au bout de la pièce et me retrouvai dans l'unique pièce où Mary pouvait se cacher... le hall des antiquités. Celui-ci était complètement désert, mais tout au fond, se dressait un énorme sarcophage. Il était verrouillé. Je compris où se cachait Mary, tout ce que j'avais à faire, c'était trouver un dernier code.

ÉNIGME

Peux-tu trouver le code à 8 chiffres et déverrouiller le sarcophage ?

STOP !

Ne tourne pas la page avant d'avoir ouvert le sarcophage.

L'ARRESTATION

La serrure se déverrouilla et j'ouvris le sarcophage en grand. À l'intérieur, je vis une silhouette frêle qui serrait l'Œil du Tigre de toutes ses forces dans ses mains.

« Mary Hawkins, je vous arrête pour vol, en vertu de la loi sur les larcins de 1916, fis-je en prenant la pierre.

Hawkins me regarda sans rien dire, mais son visage était blanc de rage.

— Agent Waddington, lisez ses droits à mademoiselle Hawkins.

— Oui, m'dame ! répondit Waddington avec empressement. Je souris, je savais que c'était la partie de son travail qu'il aimait le plus.

— Merci Inspecteur, fit Madame Knight, rayonnante, en se saisissant délicatement de l'Œil du Tigre. Sans vous, j'aurais perdu ma place.

— Oui, merci, fit Vincent Robert sèchement avant de retourner au grand hall avec la directrice pour mettre la pierre à l'abri.

— Bien joué Détective, ajouta Sam en me faisant une accolade. Alors qu'elle repartait en direction du grand hall, je la vis dissimuler un pendentif sous son chemisier… un pendentif en forme de faucon.

Je la suivis et découvris Harriet et Monsieur Stephen dans les bras l'un de l'autre devant les ascenseurs.

— Merci Détective, me lança Monsieur Stephen.

— De rien, c'est toujours une grande satisfaction de retrouver un bien volé rapidement, répondis-je.

— Nous voulions vous remercier pour autre chose, dit Harriet. Stephen et moi sommes ensemble depuis près de deux ans. Nous passions notre temps à nous cacher. Aujourd'hui, nous n'y sommes plus obligés… Nous sommes contents. Sans cette affaire nous n'aurions pas eu le courage d'avouer notre relation.

— Eh bien, je suis heureuse que tout se termine bien. Bonsoir.

— Bravo Détective ! me lança le professeur Novembre. Si vous avez besoin d'aide pour d'autres affaires, pensez à moi.

— Merci Professeur. Quand j'y pense … Le fouet de votre mère… Comment avait-il disparu ?

— Ah ! fit le professeur, ennuyé. Je le lui ai emprunté sans rien dire, répondit-il avant de rejoindre les autres.

Je fis demi-tour en direction des portes principales que Bill tenait ouvertes pour me laisser passer.

— Je vous faisais entièrement confiance, me déclara-t-il. Et… merci ! Avant ce soir, personne n'était au courant de mes dettes, j'en avais tellement honte. Quand Madame Knight a été mise au courant, elle m'a proposé son aide. Alors encore merci. Si vous n'aviez pas mené votre enquête, elle ne l'aurait jamais su.

— Je m'en réjouis Bill », répondis-je, en lui prenant le bras. Et je me dirigeai vers la porte à doubles battants.

LA CABINE TÉLÉPHONIQUE

Jane Waterstone sortit dans la nuit juste à temps pour voir le lieutenant Waddington pousser Mary qui se démenait dans le fourgon de police. Elle était furieuse.

« Waddington ! dit Jane en sortant son carnet. Pouvez-vous rapporter mes notes au commissariat ?

— Oui, m'dame ! répondit-il en prenant mon carnet, ravi de cette nouvelle responsabilité.

— Vous avez fait du bon travail ce soir, lui dit-elle tout sourire.

— C'est un privilège de travailler avec de vrais professionnels, m'dame, me fit-il, en rougissant légèrement. Est-ce que mes gars peuvent vous déposer quelque part ?

— Non, merci, Waddington. Je dois passer un appel, lui répondit-elle en me dirigeant vers une cabine téléphonique de l'autre côté de la rue.

— Entendu, m'dame, bonne nuit !

L'inspectrice Jane Waterstone traversa la rue.

— Allez, les gars, emmenons cette contrevenante au commissariat ! » aboya Waddington. Le fourgon se mit en route.

Jane Waterstone entra dans la cabine, décrocha le combiné et composa un numéro à 3 chiffres, tout en répondant à un signe que lui faisait le lieutenant Waddington. La cabine fut un instant cachée par le fourgon qui avait démarré. Quand il se fut éloigné, Waddington lança un coup d'œil à la cabine et réalisa que Jane avait disparu.

Il resta seul dans la rue pendant un moment, l'œil rivé sur la cabine. Il traversa rapidement la rue sombre et silencieuse et regarda à l'intérieur. Il n'y avait personne. Seule figurait une petite carte de visite qu'il conserverait toute sa vie…

Liens pour les portes verrouillées

p. 31	www.themysteryagency.com/mh/lockeddoor1
p. 41	www.themysteryagency.com/mh/lockeddoor2
p. 43	www.themysteryagency.com/mh/torch
p. 45	www.themysteryagency.com/mh/lockeddoor3
p. 51	www.themysteryagency.com/mh/lockeddoor4
p. 55	www.themysteryagency.com/mh/lockeddoor5
p. 59	www.themysteryagency.com/mh/lockeddoor6
p. 69	www.themysteryagency.com/mh/lockeddoor7
p. 71	www.themysteryagency.com/mh/magnifyingglass
p. 73	www.themysteryagency.com/mh/lockeddoor8
p. 79	www.themysteryagency.com/mh/lockeddoor9
p. 83	www.themysteryagency.com/mh/lockeddoor10
p. 87	www.themysteryagency.com/mh/lockeddoor11
p. 91	www.themysteryagency.com/mh/lockeddoor12
p. 123	www.themysteryagency.com/mh/lockeddoor13

INDICES & SOLUTIONS

INDICES | PAR LE LIEUTENANT WADDINGTON

LE MUSÉE DE KENSINGTON (Pages 20-21)

Indice 1: Souviens-toi, quand tu étais assis dans la bibliothèque du musée ce matin-là, le soleil entrait par la fenêtre.

Indice 2: Peu importe où tu trouves… le soleil se lève toujours dans la même direction.

MADAME ELIZABETH KNIGHT (Pages 22-23)

Indice 1: Pense aux déclarations de la directrice du musée. Sers-t'en pour déterminer où se situent les huit galeries publiques sur le plan du rez-de-chaussée. Commence par trouver quelle déclaration ne s'applique qu'à une seule salle publique.

Indice 2: Tu sais que le hall des minéraux est en face des ascenseurs. Cela signifie que l'autre petite galerie publique doit être le hall des insectes et la seule autre galerie sans fenêtre doit être la galerie d'histoire naturelle. Ensuite, je suppose que tu dois trouver quelle pièce peut être accessible uniquement en passant par une autre pièce.

GRAND HALL – LA SCÈNE DU CRIME (Pages 24-26)

Indice 1: Oh ! Regarde comme la Lune brille ce soir !

Indice 2: Utilise le graphique pour trouver dans quelle phase de la Lune on se trouve ce soir. Une fois que tu auras fait cela, tu pourras te servir du calendrier pour trouver quel jour du mois de février nous sommes aujourd'hui. Quand tu auras le bon jour et la bonne date, tu pourras déterminer l'heure à laquelle l'Œil du Tigre a été volé, grâce aux déclarations de Madame Knight.

EMPREINTE (Page 27)

Indice 1: Sers-toi de la règle. Allez ! Même moi je peux le faire.

Indice 2: Une fois que tu as mesuré l'empreinte, regarde attentivement la liste des tailles de chaussures, tu cherches une fourchette de trois pointures.

HIÉROGLYPHES (Pages 28-29)

Indice 1: Je ne suis pas archéologue, mais je trouve que ces pierres se ressemblent.

Indice 2: Je suppose qu'elles disent la même chose !

PORTE VERROUILLÉE ! – BUREAU DU DIRECTEUR ADJOINT (Pages 30-31)

Indice 1: Tu te casseras peut-être les dents sur cette énigme.

Indice 2: Les dents et les espaces entre celles-ci t'aideront à trouver le code.

DIRECTEUR ADJOINT (Pages 32-33)

Indice 1: Je suppose que la réponse est clairement visible alentour.

Indice 2: On voit cet oiseau dans nos jardins.

PHOTOGRAPHIES DU PERSONNEL (Pages 34-35)

Indice 1: Souviens-toi que tu as déjà rencontré deux des suspects face à face. Je vois que Mary, Sam et Harriet sont toutes sur cette photo, mais seules Mary et Sam sont sur celle-là.

Indice 2: Sam figure en bas, au centre d'une photo où apparaissent six personnes, mais pas Harriet ni Mary.

BOÎTES AUX LETTRES (Pages 36-37)

Indice 1: Souviens-toi que tu connais déjà les postes de deux des suspects

Indice 2: Je ne suis pas graphologue, mais je suppose que l'écriture pourrait te servir.

LA LETTRE SECRÈTE (Pages 38-39)

Indice 1: Fais attention à ne pas faire d'erreur au moment de recueillir des preuves.

Indice 2: Il y a assez de fautes dans cette lettre pour en faire une nouvelle !

PORTE VERROUILLÉE – HALL DE LA TECHNOLOGIE MODERNE (Pages 40-41)

Indice 1: Il y a plusieurs couches dans ces schémas.

Indice 2: Tu dois te servir des trois schémas à la fois pour trouver le code.

LE GARDIEN (Pages 42-43)

Indice 1: Le premier télescope fut inventé par Hans Lippershey en 1608… J'ai participé à un quiz au pub Dog and Duck.

Indice 2: Le stylo à bille fut inventé par John J. Loud en 1888.

PORTE VERROUILLÉE – RESPONSABLE DU LABORATOIRE DE SCIENCES (Pages 44-45)

Indice 1: Je suppose que cela a quelque chose à voir avec ces planètes.

Indice 2: L'ordre des planètes (distance par rapport au soleil)

devrait t'aider à attribuer à chacune un numéro.

LE RESPONSABLE DES SCIENCES
(Pages 46-49)

Indice 1 : Sers-toi du guide des empreintes et souviens-toi de ta formation… Les arches n'ont pas de delta, les boucles en ont un et les spirales en ont au moins deux.

Indice 2 : Je ne vois qu'une arche parmi les empreintes des suspects.

PORTE VERROUILLÉE – ARMOIRE À CLÉS
(Pages 50-51)

Indice 1 : Les crochets vides ont zéro clé.

Indice 2 : Bon, il y a trois rangées de quatre crochets et tu dois trouver trois codes à 4 chiffres. Allez, même moi je pourrais trouver !

ARMOIRE À CLÉS (Pages 52-53)

Indice 1 : Assure-toi de bien examiner l'étiquette des clés du crochet C sous tous les angles.

Indice 2 : Je me souviens que, tout à l'heure, elle m'a montré que Sam Cooper avait cinq clés.

PORTE VERROUILLÉE – GALERIE D'ART MODERNE (Pages 54-55)

Indice 1 : C'est de l'art ? C'est un peu exagéré.

Indice 2 : Assure-toi d'examiner les preuves sous tous les angles.

LA GUIDE (Pages 56-57)

Indice 1 : Règle numéro une ! Assure-toi que ta boussole est correctement orientée.

Indice 2 : Seuls quatre bureaux ont des portes les unes en face des autres.

PORTE VERROUILLÉE – BUREAU DE LA RESPONSABLE DES ANTIQUITÉS
(Pages 58-59)

Indice 1 : Un bon enquêteur a toujours son crayon.

Indice 2 : Tu auras besoin de chaque partie de ces carrés.

LA RESPONSABLE DES ANTIQUITÉS
(Pages 60-61)

Indice 1 : Parfois, dire les choses à haute voix peut aider.

Indice 2 : Bon, cela fait deux indices.

LA DIRECTRICE DES RELATIONS PUBLIQUES
(Pages 62-63)

Indice 1 : Mary a donné une interview deux volumes plus tôt que la copie qu'elle t'a donnée.

Indice 2 : À quelle date le périodique en question a-t-il été publié ?

LETTRE TOMBÉE PAR TERRE (Pages 64-65)

Indice 1 : Où ai-je déjà vu ces hiéroglyphes ?

Indice 2 : Je suppose que tu peux te servir de l'alphabet en hiéroglyphes que tu as trouvé auparavant pour déchiffrer cette lettre.

PANNEAU D'AFFICHAGE (Pages 66-67)

Indice 1 : À lire le 5. Souviens-toi, cela ne veut pas forcément dire le cinq du mois.

Indice 2 : Commence par le tout premier mot de la note, je suppose que seuls certains mots sont pertinents pour ton enquête.

PORTE VERROUILLÉE – BUREAU DU PRÉSIDENT (Pages 68-69)

Indice 1 : Commence là où il y en a trois, continue par où il y en a deux et termine par là où il n'y en a qu'un. Je savais qu'il faudrait te prêter main-forte !

Indice 2 : Quand il y en a trois, c'est la position, la direction et le nombre. Quand il y en a deux, c'est la direction et le nombre, quand il n'y en a qu'un c'est le nombre.

LE PRÉSIDENT (Pages 70-71)

Indice 1 : Le siège de Kenilworth était en 1266. La bataille de Shrewsbury était en 1403… J'ai participé à un quiz au pub Dog and Duck.

Indice 2 : La bataille de Burton Bridge était au milieu de la liste de Sam Cooper. 13…

PORTE VERROUILLÉE – BUREAU DU PRÉSIDENT 2 (Pages 72-73)

Indice 1 : Trouve le chemin dans le labyrinthe et note les lettres rencontrées

Indice 2 : Les lettres ne forment pas un mot.

TÉMOIGNAGES (Pages 74-75)

Indice 1 : Il te faudra utiliser toutes les preuves réunies jusqu'à présent pour déterminer quelle déclaration est exacte. Repense au moment où tu es arrivé au musée.

Indice 2 : Repense à ce que madame Knight nous a dit quand tu es arrivé au grand hall. Qu'est-ce qui était resté sur la scène du crime ? Et à quelle heure le vol a-t-il été commis ?

LES ASCENSEURS (Pages 76-77)

Indice 1 : Commence par Harriet et Mary et trouve le poids maximal de Sam.

Indice 2 : Psst ! Mary et Richard ont le même poids.

CASIER DE BIBLIOTHÈQUE VERROUILLÉ
(Pages 78-79)

Indice 1 : Cette devinette est à prendre à la lettre. Il suffit de regarder les titres des livres.

Indice 2 : Je suppose que les cerisaies ont des arbres et que les fantômes sont invisibles.

LA RÉSERVE SECRÈTE (Pages 80-81)

Indice 1 : Un système différent est utilisé pour les jours, les mois et les années.

Indice 2 : Écris les chiffres de 0 à 9. Puis inscris en dessous les numéros codés que tu connais.

TIROIR VERROUILLÉ (Pages 82-83)

Indice 1 : Regarde tous les objets de chaque rangée, en particulier cinq d'entre eux, et pense à leurs initiales.

Indice 2 : Tu as besoin d'un code à cinq chiffres.

DOSSIERS MÉDICAUX DU PERSONNEL (Pages 84-85)

Indice 1 : Numéro de dossier... Numéro de dossier... Numéro de dossier...

Indice 2 : Combien de rangées de lettres comporte ce message mystérieux ?

TRAPPE VERROUILLÉE ! (Pages 86-87)

Indice 1 : Le début, le milieu et la fin font quatre.

Indice 2 : Cette devinette repose sur les lettres.

ESCALIER EN COLIMAÇON (Pages 88-89)

Indice 1 : Tu cherches à rédiger une phrase de 9 mots.

Indice 2 : Il te faudra utiliser tous les avis de sécurité, mais seule une partie de ceux-ci est pertinente pour ton enquête.

PORTE VERROUILLÉE – SOUS-SOL DU MUSÉE (Pages 90-91)

Indice 1 : Problème de rivets ! Descends puis va en travers et tu trouveras un mot anglais commençant par « J ». C'est une histoire de chacals !

Indice 2 : Il te suffit d'aller de l'un à l'autre.

LA RÉSERVE SECRÈTE (Pages 92-99)

Indice 1 : Cinq clés, cinq étiquettes.

Indice 2 : Fais-les correspondre. Par quelle porte le voleur est-il passé déjà ?

DOSSIERS DU PERSONNEL (Pages 100-101)

Indice 1 : C'est toujours un bon point d'avoir des photos comme preuves.

Indice 2 : Je ne reconnais que certains membres du personnel sur ces photographies. Je suppose que tu peux t'en servir pour trouver à quel moment les employés ont commencé à travailler au musée.

JOURNAL DES APPELS (Pages 102-103)

Indice 1 : Je n'ai pas pu tout lire !

Indice 2 : Je me trompe peut-être, mais ces symboles me rappellent quelque chose.

STANDARD TÉLÉPHONIQUE (Pages 104-105)

Indice 1 : Voici un standard téléphonique de télécommunication manuel classique. Fais correspondre les entrées et les sorties et suis les câbles, tu trouveras ce que tu cherches.

Indice 2 : Assure-toi de bien avoir noté les symboles des numéros de poste.

PERSONNEL DU MUSÉE (Pages 106-107)

Indice 1 : Observe toujours attentivement les alentours pour trouver le plus d'informations possible.

Indice 2 : Bon, je fais 1 m 75 et je fais 5 cm de moins que le gardien.

DÉNOUEMENT (Pages 108-109)

Indice 1 : Si l'on considère toutes les preuves réunies ce soir dans le musée où le vol a eu lieu, deux preuves matérielles apparaissent. L'empreinte du pied et l'empreinte partielle de la main éliminent deux suspects et deux autres ont des alibis.

Indice 2 : L'un des suspects est physiquement incapable d'avoir commis le délit et peut donc être éliminé, un autre peut être éliminé à cause d'un témoignage fiable. Un autre n'avait pas les moyens d'accéder à la scène du crime de la manière dont l'a fait le voleur. Cela ne laisse qu'un suspect capable de voler la pierre et disposant d'un mobile.

LA POURSUITE (Pages 120-121)

Indice 1 : Aucun agent de police n'a vu de signes de la présence du voleur, donc il n'a pas pu se trouver là où ils étaient.

Indice 2 : Je crois me souvenir que le voleur a peur de quelque chose.

LE SARCOPHAGE (Pages 122-123)

Indice 1 : Je me souviens des informations affichées dans l'escalier en colimaçon. Elles pourraient aider celui qui cherche à déverrouiller cette serrure particulièrement difficile à ouvrir.

Indice 2 : À quatre occasions pendant cette enquête, j'ai eu l'impression que quelque chose manquait. En fait, je l'ai remarqué la première fois quand tu observais les hiéroglyphes inscrits sur les pierres.

SOLUTIONS | PAR L'INSPECTRICE JANE WATERSTONE

LE MUSÉE DE KENSINGTON (Pages 20-21)

Peux-tu inscrire correctement les quatre points cardinaux de la boussole à droite en bas de la carte ?

Je me souviens m'être trouvé assis dans la bibliothèque du musée un matin. Le soleil entrait par la fenêtre. Le soleil se lève toujours à l'est, donc la fenêtre de la bibliothèque doit se trouver sur le côté est du bâtiment. Une fois que tu sais cela, tu peux inscrire les autres points cardinaux sur la boussole.

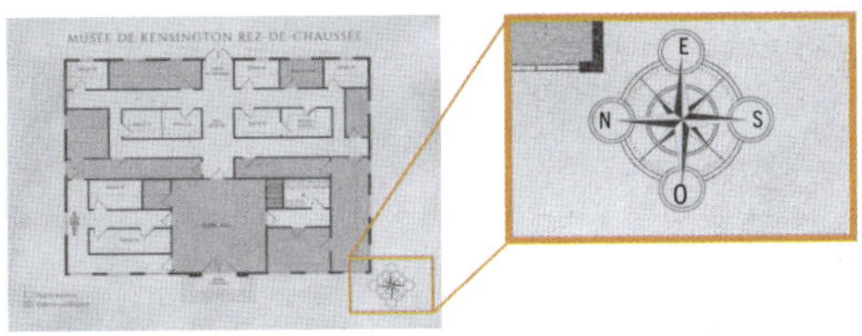

MADAME ELIZABETH KNIGHT (Pages 22-23)

Peux-tu inscrire au bon endroit les huit galeries publiques sur le plan du rez-de-chaussée ?

Le hall des minéraux est en face des ascenseurs. L'autre galerie publique plus petite doit donc être le hall des insectes. L'autre galerie sans fenêtre doit par conséquent être la galerie d'histoire naturelle. L'une des galeries publiques n'est accessible que via une autre pièce (elles se trouvent à gauche sur le plan), ce qui signifie qu'elles doivent être la salle d'histoire médiévale et la galerie d'art moderne. Tu sais que le hall des antiquités est relié à la galerie d'histoire naturelle, cela veut dire qu'il doit s'agir de la longue pièce à droite, et tu sais que le hall des antiquités est relié à l'aile d'astronomie, donc ce doit être la pièce en bas du schéma. La seule galerie publique qui reste (en haut du schéma) doit par conséquent être la seule pièce qui reste sur la liste… le hall de la technologie moderne. Les galeries publiques doivent donc être inscrites selon le schéma ci-dessous.

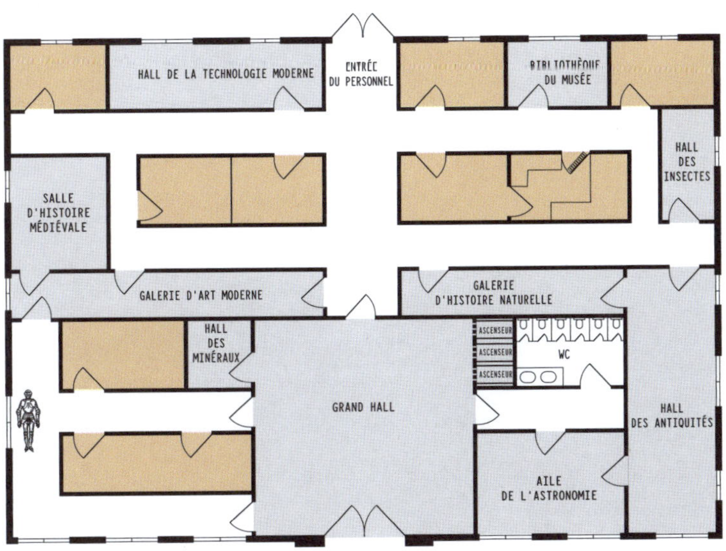

GRAND HALL – LA SCÈNE DU CRIME (Pages 24-26)

Peux-tu trouver la date et l'heure du vol ?

Entre 20 h 30 et 20 h 32, le mercredi 17 février 1926.

Grâce à la conversation avec Madame Knight, tu sais que la pierre a été volée plus tôt ce jour-là. Autour du grand hall, il y a divers indices qui te permettent de connaître le jour. Un schéma sur le mur du musée te montre les différentes phases du cycle lunaire. À partir de celui-ci et en regardant la Lune dans le ciel, tu peux déduire que ce soir, il s'agit du premier croissant. Le calendrier t'indique que nous sommes en février 1926 et que dans ce mois, le premier croissant commence le dimanche 14 et se termine le vendredi 19. Le jour doit donc être compris entre ces deux dates. En regardant autour de toi, tu verras les différents jours des expositions dans le hall. Le lion, la girafe et le mammouth te permettent de savoir qu'il s'agit de l'un des deux jours d'exposition des spécimens de mammifères (les mercredis et les samedis). Comme aucun samedi ne tombe dans le premier croissant, la date d'aujourd'hui doit être le mercredi 17 février 1926.

Une fois que tu sais que le crime s'est produit un mercredi, tu peux trouver l'heure du vol. L'affiche des heures d'ouverture t'indique que les mercredis, le musée ferme à 20 h. Madame Knight te dit aussi :

« Dès la fermeture du musée, le gardien a fermé toutes les portes donnant sur le grand hall. Il a verrouillé les ascenseurs puis balayé comme il le fait toujours. Cela lui prend une demi-heure. Ensuite, il est sorti du grand hall en passant par la porte Est qu'il a refermée derrière lui. Deux minutes plus tard, alors qu'il était en train de ranger ses clés dans l'armoire, il a entendu un grand bruit dans le grand hall. Il s'est précipité dans la salle et a découvert que la porte Nord-Ouest était ouverte. La vitrine en verre était déboulonnée et l'Œil du Tigre avait disparu. »

Cela signifie que l'Œil du Tigre a été volé entre 20 h 30, au moment où il a quitté le grand hall et 20 h 32, au moment où il a entendu un grand bruit.

EMPREINTE (PAGE 27)

Quelles sont les trois pointures qui pourraient appartenir au voleur ?

Les pointures 7, 8 et 9

En regardant la règle en bois à côté de l'empreinte, tu vois que l'empreinte fait 11 pouces 1/3. D'après la liste de mesures, tu sais que les seules pointures qui correspondent sont les tailles 7, 8 et 9.

HIÉROGLYPHES (Pages 28-29)

Peux-tu déchiffrer les hiéroglyphes à partir des deux dalles en pierre ?

Les inscriptions sur les deux dalles disent la même chose. La citation en français emploie toutes les lettres de l'alphabet sauf le « w ». Par conséquent, les deux dalles te permettent de traduire les hiéroglyphes comme ci-dessous.

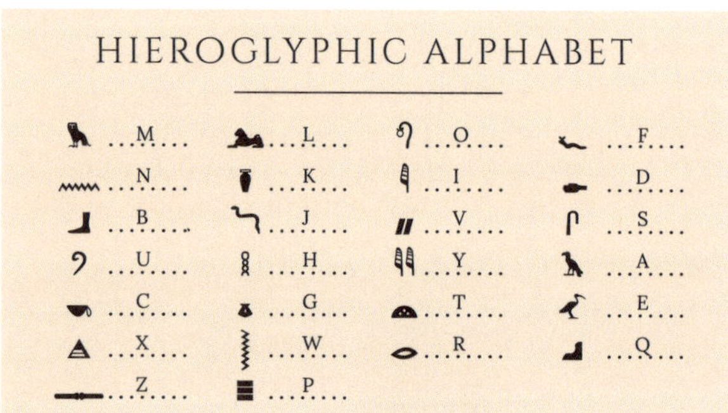

PORTE VERROUILLÉE – BUREAU DU DIRECTEUR ADJOINT (Pages 30-31)

Peux-tu trouver le code à 5 chiffres et déverrouiller la porte ?

47286

Le code est caché dans la gueule du dinosaure. Compte simplement les dents du haut et les dents du bas jusqu'à tomber sur une dent manquante, chaque groupe complet de dents te donne un chiffre du code.

DIRECTEUR ADJOINT (Pages 32-33)

Peux-tu trouver quel nom figurant sur la liste appartient au directeur adjoint du musée ?

Vincent Robert

L'indice figure dans les étagères situées dans le coin de la pièce. Les noms de deux objets commencent par les initiales du prénom et du nom du directeur adjoint. Le vase commence par un V et le rouge-gorge commence par un R.

PHOTOGRAPHIES DU PERSONNEL (Pages 34-35)

En regardant les photographies et en gardant en tête ce que tu sais déjà, peux-tu faire correspondre tous les noms des suspects avec les photographies figurant sur les fiches des suspects ?

SUSPECT A:
Richard Novembre

SUSPECT B:
Sam Cooper

SUSPECT C:
Vincent Robert

SUSPECT D:
Mary Hawkins

SUSPECT E:
Harriet Wheeler

SUSPECT F:
Bill Cooper

SUSPECT G:
Elizabeth Knight

SUSPECT H:
Stephen Cartwright

Tu sais déjà que Madame Elizabeth Knight et Vincent Robert sont les suspects G et C respectivement, car tu les as rencontrés. Tu trouveras les autres par déduction.

Harriet, Sam et Mary apparaissent toutes sur la photographie en haut à droite. Sam et Mary apparaissent ensemble sans Harriet sur la photographie qui se trouve plus bas sur le mur. La femme de la photographie en haut à droite doit donc être Harriet. Sam apparaît sur la photographie qui se trouve en bas au milieu mais pas Mary, par conséquent la seule femme sur la photographie située en bas au milieu et sur la photographie de Sam et de Mary doit être Sam et l'autre sur la photographie d'elles deux uniquement doit être Mary.

Maintenant, tu sais qui sont Sam, Mary et Harriet (et Elizabeth). Tu peux identifier Stephen grâce à la photographie qui se trouve en haut au milieu. Maintenant que tu sais qui sont Stephen et Elizabeth, tu peux trouver qui est Richard à partir de la photographie située en bas à droite, puis qui est Bill à partir de la photographie située au milieu et qui a un format paysage.

BOÎTES AUX LETTRES (Pages 36-37)

En tenant compte de ce que tu sais déjà, peux-tu déterminer la fonction de chaque suspect au musée ?

Monsieur Stephen Cartwright = Président

Bill Cooper = Gardien

Sam Cooper = Guide

Mary Hawkins = Directrice des Relations publiques

Madame Elizabeth Knight = Directrice du musée

Prof. Richard Novembre = Responsable des sciences

Vincent Robert = Directeur adjoint

Harriet Wheeler = Responsable des antiquités

Tu peux trouver les premières lettres de « Stephen » grâce à l'un des courriers de la boîte aux lettres du président. Tu vois aussi qu'une lettre adressée au responsable des sciences est mise dans la boîte N-R ; seul un employé a un nom commençant par ces lettres (Richard Novembre).

De la même manière, tu peux trouver qu'Harriet Wheeler est la responsable des antiquités, car cette lettre est dans la boîte W-Z, Harriet est le seul employé dont les initiales correspondent.

Une paire de lunettes a été remise à la directrice des Relations publiques. Seuls quatre suspects portent des lunettes. Richard, Elizabeth et Vincent, nous les connaissons déjà, donc Mary doit être la directrice des Relations publiques.

La note déposée avec les lunettes est signée « Bill » et l'écriture correspond à celle d'une note du gardien qui figure en bas à droite des boîtes. Cela signifie que Bill Cooper doit être le gardien.

Un badge de guide perdu a été déposé dans le casier A-D. Nous savons que Bill Cooper est le gardien et que Stephen Cartwright est le président, donc le badge doit appartenir à Sam Cooper, elle doit donc être le guide.

LA LETTRE SECRÈTE (Pages 38-39)

Peux-tu déchiffrer le message secret ?

« Cher Stone Eagle. Votre demande pour l'association mystique de Kensington a été acceptée. Nous nous verrons à la prochaine réunion, salutations, Glass Falcon. »

La lettre secrète est codée au moyen de fautes d'orthographe. Tout ce que tu as à faire c'est de lire la lettre et d'entourer ou de copier les mots mal orthographiés.

Lus les uns à la suite des autres, les mots mal orthographiés donnent un message secret.

PORTE VERROUILLÉE – HALL DE LA TECHNOLOGIE MODERNE (Pages 40-41)

Peux-tu trouver le code à 4 chiffres et déverrouiller la porte ?

3 7 9 2

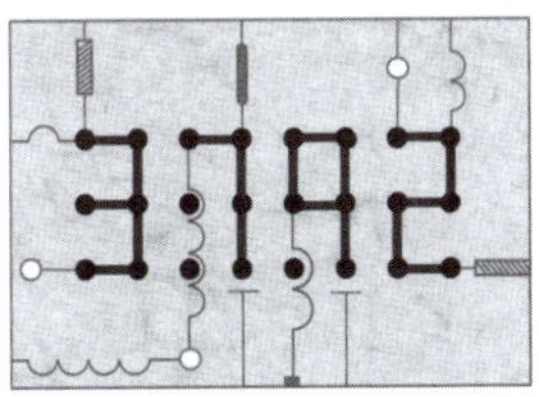

Pour résoudre cette énigme visuelle, il faut que tu imagines ce que tu verrais si tu mettais les trois circuits les uns par-dessus les autres. Les lignes des trois schémas superposés révèlent le code à 4 chiffres.

LE GARDIEN (Pages 42-43)

Peux-tu faire correspondre chaque invention avec la bonne date en te servant de tes connaissances ?

Télescope (1608)
Thermomètre à mercure (1714)
Machine à coudre (1790)
Téléphone (1876)
Stylo à bille (1888)

Ici, pas d'énigme, juste tes connaissances générales (et peut-être un peu de déduction !). Si tu as trouvé, la lampe est à toi !

PORTE VERROUILLÉE – LABORATOIRE DU RESPONSABLE DES SCIENCES (Pages 44-45)

Peux-tu trouver le code à 6 chiffres et déverrouiller la porte ?

6 1 8 5 4 3

Le code est caché dans les planètes. Sur une affiche apparaissent les 8 planètes de la voie lactée dans l'ordre de proximité avec le soleil (Mercure = 1, Vénus = 2, La Terre = 3, Mars = 4, Jupiter = 5, Saturne = 6, Uranus = 7 et Neptune = 8).

Maintenant que tu sais que chaque planète représente un chiffre, tu peux te servir de l'autre affiche pour trouver le code ci-dessus (Saturne – Mercure – Neptune – Jupiter – Mars – La Terre).

LE RESPONSABLE DES SCIENCES (Pages 46-49)

Peux-tu faire correspondre chaque type d'empreinte avec celles qui figurent sur le fichier ?

0901 = Boucle
9904 = Spirale
2404 = Spirale
1302 = Boucle
1101 = Arche
2503 = Spirale
2201 = Boucle
0102 = Spirale

Toutes les empreintes peuvent être identifiées en suivant les trois règles d'or du guide.

- Les arches n'ont pas de delta.
- Les boucles ont 1 (et un seul) delta.
- Les spirales ont 2 deltas (ou plus).

PORTE VERROUILLÉE – ARMOIRE À CLÉS (Pages 50-51)

Peux-tu trouver les 3 codes qui te permettront d'ouvrir l'armoire à clés ?

0 3 7 4 0 0 5 6 8 7 6 0

Les trois codes sont cachés dans les trousseaux de clés de l'armoire. Chaque rangée de clés te donne un code à 4 chiffres. Compte simplement les clés de chaque trousseau pour trouver chaque chiffre du code. Les crochets vides représentent zéro.

ARMOIRE À CLÉS (Pages 52-53)

Peux-tu trouver à quels suspects appartiennent ces trousseaux ?

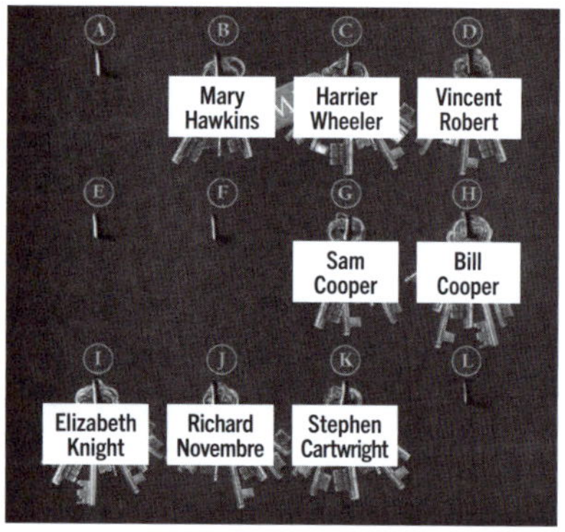

À première vue, il semble que les clés du crochet C appartiennent à Mary Hawkins étant donné que l'on peut lire sur l'étiquette « MH ». Cependant, ce ne peut pas être le cas, car nous savons qu'elle et Richard à eux deux ont 10 clés et que Richard accroche toujours ses clés sur la rangée du bas. Aucun des chiffres de la rangée du bas ne peut être ajouté aux 7 clés du crochet C pour donner 10. Les initiales de l'étiquette ne peuvent donc pas être « MH ». Les initiales sont en fait « HW », l'étiquette est à l'envers. Les clés du crochet C appartiennent donc à Harriet Wheeler.

Vincent range toujours ses clés près de celles d'Harriet et a soit 4 soit 5 clés, donc son trousseau doit être celui du crochet D.

Sam possède 4 ou 5 clés et les pend toujours à côté de celles de son père (Bill) qui a soit 5 soit 6 clés. Il n'y a que deux jeux de clés les uns à côté des autres (crochets G et H) dont il pourrait s'agir. Sam a 4 ou 5 clés, donc elles doivent être celles du crochet G, celles de Bill doivent être celles du crochet H. Elizabeth a 2 clés de plus que Bill (nous savons que Bill en a 6), donc les clés d'Elizabeth doivent être celles du crochet I (le seul trousseau de 8 clés). Nous savons que Mary et Richard ont 10 clés à eux deux, seuls deux crochets restants (J et B) font un total de 10. Richard pend toujours ses clés sur la dernière rangée, donc celles de Mary doivent être sur le crochet B et celles de Richard doivent être celles du crochet J.

Les seules clés non attribuées sont celles du crochet K, elles doivent donc appartenir à Stephen.

PORTE VERROUILLÉE – GALERIE D'ART MODERNE (Pages 54-55)

Peux-tu trouver le code à 4 chiffres et déverrouiller la porte ?

8307

C'est une question de perspective. Cette œuvre d'art moderne est ce qu'on appelle une « écriture anamorphique », qui ne peut être lue qu'en la regardant sous un certain angle. Tiens le livre à hauteur de tes yeux, en le gardant parallèle au sol et regarde sur toute la longueur de la page, tu devrais commencer à voir des mots anglais se former. Tourne le livre et regarde l'œuvre sous un angle différent, tu verras apparaître un autre mot anglais.
Vu sous les bons angles, le tableau fait apparaître 4 mots anglais :

EIGHT THREE ZERO SEVEN (HUIT TROIS ZÉRO SEPT)

Les flèches de la plaque en cuivre indiquent les angles sous lesquels il convient de regarder le tableau et dans quel ordre pour trouver la séquence de 4 chiffres.

LA GUIDE (Pages 56-57)

Peux-tu inscrire sur le plan du musée les 8 bureaux des membres du personnel ?

Tu sais que le bureau du directeur adjoint se situe à l'est du bâtiment et en face de celui de la directrice. Cela signifie que le bureau du directeur adjoint est le bureau privé en haut du schéma, à droite du hall inférieur et que celui de la directrice est en face (à côté de la réserve secrète), étant donné qu'aucun des deux autres bureaux à l'est du bâtiment ne fait face à d'autres bureaux. Le bureau du guide doit être au coin nord-est puisque les directions « De moi à Papa » ne peuvent pas conduire à un autre bureau à partir d'un bureau du coin sud-est. Cela veut aussi dire que le petit bureau en face du hall de la technologie moderne appartient au père de Sam (le gardien). La directrice des Relations publiques se trouve aussi à l'est du bâtiment, donc dans le bureau au coin sud-est.

Le bureau de Madame Wheeler (la responsable des antiquités) est à l'est de celui du président, mais à l'ouest de celui du professeur (le responsable des sciences), ce qui signifie que parmi les trois bureaux restants, celui du président est le plus à l'ouest,

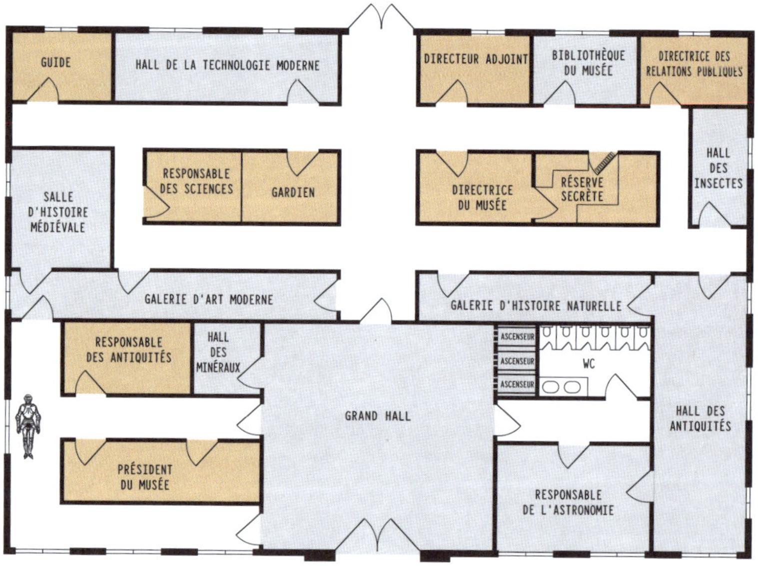

celui du responsable des sciences est le plus à l'est (à côté du gardien) et celui de la responsable des antiquités est entre les deux (près du hall des minéraux et de la galerie d'art moderne).

PORTE VERROUILLÉE – BUREAU DE LA RESPONSABLE DES ANTIQUITÉS (Pages 58-59)

Peux-tu trouver le code à 4 chiffres et déverrouiller la porte ?

7 2 1 9

Dans cette énigme visuelle, tu dois inscrire sur la carte les références de la liste pour faire apparaître le code à 4 chiffres.

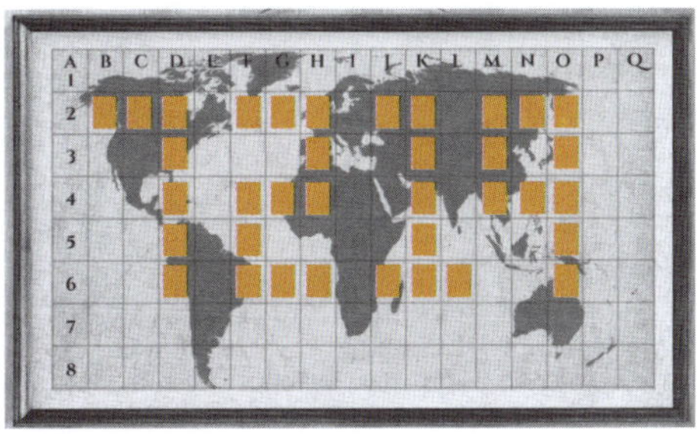

LA RESPONSABLE DES ANTIQUITÉS (Pages 60-61)

À partir des indices de la feuille, peux-tu trouver la date de naissance d'Harriet Wheeler ?

24 novembre 1882

La citation du papier peut être décodée en associant un chiffre à chaque animal. Il n'y a pas de chiffre dans la citation, mais si tu las lis à haute voix, tu les entendras.

« Le cas très étrange du dragon et du sphinx de la colline près du phénix imbattable que mangea le serpent dans la poursuite. »

Dragon – 4 Sphinx = 2 Phénix = 1 Serpent = 8

Remplace ces chiffres dans l'ordre donné par la rangée d'animaux et tu feras apparaître une séquence de chiffres : 2 4 1 1 1 8 8 2. Celle-ci peut ensuite être mise au format d'une date : 24/11/1882.

LA DIRECTRICE DES RELATIONS PUBLIQUES (Pages 62-63)

Peux-tu trouver la date de naissance de Mary Hawkins ?

29 octobre 1889

Mary nous dit que l'interview qu'elle a donnée au magazine du *National Geographer* a été publiée le jour de ses 36 ans. Grâce à la couverture du magazine du *National Geographer*, tu sais que l'interview de Mary était dans le volume XLVII. Tu peux te servir de la liste des chiffres romains accrochée au mur et trouver que XLVII donne 47.

Tu sais que la copie que Mary t'a donnée est le volume XLIX (49) et qu'il est daté de décembre 1925. La couverture t'indique également que le magazine du *National Geographer* est publié le 29 de chaque mois, donc le volume 47 doit être sorti le 29 du mois, mais 2 mois avant le volume 49 (29 octobre 1925). Si tu comptes 36 ans en arrière à partir de 1925, tu trouveras que Mary est née le 29 octobre 1889.

LETTRE TOMBÉE PAR TERRE (Pages 64-65)

Peux-tu décoder cette lettre ?

« Mon cher Capricorne, passer un week-end avec toi était divin. Mais nous devons faire plus attention si nous voulons garder notre relation secrète et si nous ne voulons pas que nos époux la découvrent. Tu as laissé une paire de chaussures (Richelieu, pointure 10) dans le séjour. Sois plus prudent la prochaine fois. Celle qui t'aime, X. »

Cette lettre est écrite avec le même alphabet de hiéroglyphes que tu as décodé plus tôt (pages 28-29). Sers-toi de cet alphabet pour décoder cette lettre.

PANNEAU D'AFFICHAGE (Pages 66-67)

Peux-tu trouver le message secret du panneau d'affichage ?

« Cher Stone Eagle, merci de venir à votre première réunion de l'association mystique de Kensington, le 17 février entre 20 heures et 21 heures ce soir, dans la bibliothèque du musée. »

L'indice figure en bas de la note « À lire le 5 » : il ne s'agit pas d'une date. Cela veut dire littéralement qu'il faut lire le texte tous les 5 mots pour obtenir le message secret. Commence à compter à partir du tout premier mot (musée).

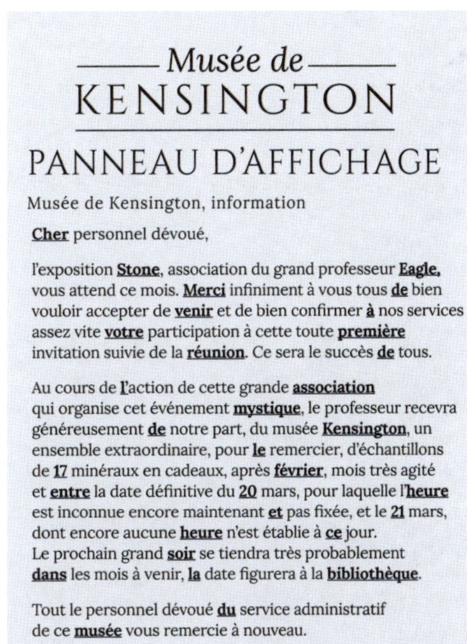

Musée de
KENSINGTON
PANNEAU D'AFFICHAGE

Musée de Kensington, information

Cher personnel dévoué,

l'exposition **Stone**, association du grand professeur **Eagle**, vous attend ce mois. **Merci** infiniment à vous tous **de** bien vouloir accepter de **venir** et de bien confirmer **à** nos services assez vite **votre** participation à cette toute **première** invitation suivie de la **réunion**. Ce sera le succès **de** tous.

Au cours de **l'**action de cette grande **association** qui organise cet événement **mystique**, le professeur recevra généreusement **de** notre part, du musée **Kensington**, un ensemble extraordinaire, pour **le** remercier, d'échantillons de **17** minéraux en cadeaux, après **février**, mois très agité et **entre** la date définitive du **20** mars, pour laquelle l'**heure** est inconnue encore maintenant **et** pas fixée, et le **21** mars, dont encore aucune **heure** n'est établie à **ce** jour.
Le prochain grand **soir** se tiendra très probablement **dans** les mois à venir, **la** date figurera à la **bibliothèque**.

Tout le personnel dévoué **du** service administratif de ce **musée** vous remercie à nouveau.

PORTE VERROUILLÉE – BUREAU DU PRÉSIDENT (Pages 68-69)

Peux-tu trouver le code à 5 chiffres et déverrouiller la porte ?

4 5 1 0 5

Le code se cache dans les mains en pierre. Si tu regardes les étagères, tu verras que seules 5 étagères ont 3 mains en pierre. Il te faudra partir de ces 5 étagères pour trouver le code à 5 chiffres. La main à gauche te donne la position du chiffre dans le code (exemple 1 = premier chiffre). La main au milieu te montre dans quelle direction tu dois te déplacer pour trouver ton prochain indice, et la main à droite t'indique par combien d'étagères tu dois passer dans cette direction. En parcourant ce nombre d'étagères dans la direction donnée, tu te retrouveras sur une autre étagère avec deux mains en pierre. L'ensemble des deux mains en pierre fonctionne de la même façon (il te donne une nouvelle direction et le nombre d'étagères à passer). Continue de suivre ces directions jusqu'à ce que tu te retrouves sur une étagère avec une seule main. Les doigts de la main te donnent le chiffre du code. Les étagères vides représentent zéro.

LE PRÉSIDENT (Pages 70-71)

Peux-tu te souvenir de la date de la bataille de Burton Bridge et ouvrir l'armoire ?

1322

Ici, pas d'énigme ! Juste une question de mémoire (ou peut-être de connaissances). Si tu trouves la bonne réponse, la loupe est à toi !

TÉMOINS OCULAIRES (Pages 74-75)

En partant de tes connaissances sur l'affaire et sur le musée, peux-tu dire quelle déclaration est fiable et trouver la taille du contrevenant ?

Déclaration 4 – Le voleur mesure 1 m 82 au maximum.

Grâce aux informations que tu as déjà réunies, tu peux déceler des inexactitudes dans 4 des 5 déclarations, n'en laissant qu'une seule fiable. Les inexactitudes sont les suivantes :

Témoin 1 – si le voleur avait été dans le grand hall pendant 4 minutes, il aurait été vu par le gardien à son retour.

Témoin 2 – ce témoin dit que le voleur avait encore la lampe sur le chemin du retour, alors que l'on sait qu'elle était tombée, qu'elle s'était cassée et qu'elle était restée sur la scène du crime.

Témoin 3 – ce témoin déclare que le voleur a tourné à droite au niveau de la quatrième fenêtre, mais il n'y en a que 3 sur la partie gauche du bâtiment.

Témoin 5 – ce témoin prétend qu'il a vu le suspect courir le long du couloir à gauche du bâtiment et qu'il a tourné à droite au niveau de la fenêtre avec la grenouille en pierre, mais si l'on regarde l'extérieur du musée (page 21), on voit que la seule grenouille en pierre qui existe se situe de l'autre côté du bâtiment.

Tous les éléments de la déclaration du témoin 4 correspondent à ce que nous savons de l'affaire et peuvent donc être considérés comme fiables.

PORTE VERROUILLÉE – BUREAU DU PRÉSIDENT 2 (Pages 72-73)

Peux-tu trouver le chemin dans le labyrinthe et défaire la chaîne ?

F A N S Y J X G

Trouve le chemin et note les lettres au fur et à mesure.

LES ASCENSEURS (Pages 76-77)

Peux-tu trouver le poids de chaque suspect ?

Stephen Cartwright = 113,39 kg

Sam Cooper = 58,96 kg

Bill Cooper = 63,50 kg

Elizabeth Knight = 117,93 kg

Mary Hawkins = 72,56 kg

Richard Novembre = 72,56 kg

Vincent Robert = 68,03 kg

Harriet Wheeler = 45,35 kg

Nous savons d'après la déclaration de Bill qu'Harriet pèse 45,35 kg. Nous savons d'après la déclaration d'Harriet que Mary pèse 27,21 kg de plus qu'elle. Mary pèse donc 72,56 kg. Harriet déclare aussi qu'elle, Mary et Sam sont allées dans l'ascenseur 1 sans problème. Nous savons donc que le poids combiné d'Harriet, de Sam et de Mary doit être inférieur à 181,437 kg (la limite de l'ascenseur 1). Tu peux déduire les poids de Mary et d'Harriet à partir de ces données et te rendre compte que le poids de Sam doit être inférieur à ce qui reste (63,50 kg). Nous savons aussi grâce à la dernière déclaration d'Harriet qu'elle a pris l'ascenseur avec Vincent et Sam et que l'un pèse 58,96 kg et que l'autre pèse 68,03 kg, mais elle ne se souvient pas qui. Comme nous savons que Sam pèse moins de 63,50 kg, elle doit faire 58,96 kg et Vincent doit faire 68,03 kg.

Grâce à la déclaration de Bill, nous savons que Sam pèse la moitié du poids de la directrice, ce qui veut dire qu'Elizabeth pèse 117, 93kg.

Grâce à la déclaration de Vincent, nous savons qu'il pèse 4,53 kg de moins que Richard, ce qui signifie que Richard doit peser 72,56 kg. Vincent dit aussi que lui, Bill ; Mary et 13,60 kg de fossiles pesaient 9,07 kg de moins que la limite de l'ascenseur 3. Bill, Mary, Vincent et les fossiles ensemble ont donc un poids de 217,69 kg ; en soustrayant les poids connus de Mary, de Vincent et des fossiles, nous pouvons trouver que Bill pèse 63,50 kg.

Grâce à la déclaration de Richard, nous savons que Bill, Stephen et Richard font ensemble le poids limite de l'ascenseur 2 (249,476 kg) ; en soustrayant les poids connus de Bill et de Richard, nous pouvons trouver le poids de Stephen : 113,39 kg.

CASIER SECRET VERROUILLÉ (Pages 78-79)

Peux-tu trouver les trois livres et ouvrir la porte secrète ?

Les Trois Mousquetaires – Frankenstein – L'Île au trésor

Déverrouille la porte secrète.
En choisissant celui qui est entre la grandeur et la magnificence.
Le suivant relie les deux que l'on ne peut pas voir.
Et le dernier est la terre sous les arbres.

Les trois dernières lignes de cette devinette t'indiquent chacune où trouver le livre. Choisir « celui qui est entre la grandeur et la magnificence » signifie littéralement qu'il s'agit du livre entre les deux qui ont « grand » et « magnifique » dans leurs titres (*De grandes espérances* et *Gatsby le magnifique*). En comptant trois livres à partir de chacun d'eux, tu trouveras *Les Trois Mousquetaires*. Les « deux que l'on ne peut pas voir » font référence à *L'Homme invisible* et au *Fantôme de l'opéra*, le livre qui les relie verticalement est *Frankenstein*. « La terre sous les arbres » fait référence à *L'Île au trésor*, car il s'agit d'une terre directement en dessous des arbres de *La Cerisaie*.

EMMA	MANSFIELD PARK	ORGUEIL ET PRÉJUGÉS	SANDITON	RAISON ET SENTIMENTS	LE MAGICIEN D'OZ	JANE EYRE	LES HAUTS DE HURLEVENT	L'ÎLE AU TRÉSOR	LA CERISAIE	LE CHIEN DES BASKERVILLE	UN CHANT DE NOËL
DAVID COPPERFIELD	LES GRANDES ESPÉRANCES	LE CONTE DE DEUX CITÉS	OLIVER TWIST	Crime et châtiment	LES TROIS MOUSQUETAIRES	LE COMTE DE MONTE-CRISTO	Middlemarch	LE MOULIN SUR LA FLOSS	Gatsby le magnifique	MADAME BOVARY	AVEC VUE SUR L'ARNO
LE MOINE	Tess D'Urberville	L'ODYSSÉE	L'ILIADE	Les Misérables	Trois hommes dans un bateau	LA MÉTAMORPHOSE	LE PROCÈS	LE FANTÔME DE L'OPÉRA	Les contes de Canterbury	LES QUATRE FILLES DU DOCTEUR MARCH	MOBY DICK
THE Highwayman	LA SÉQUESTRÉE	LE MOURON ROUGE	LE MASQUE DE LA MORT ROUGE	IVANHOÉ	Black Beauty	HAMLET	Roméo et Juliette	FRANKENSTEIN	DRACULA	LE CABINET ROUGE	Les voyages de Gulliver
Anna Karénine	GUERRE ET PAIX	Pères et fils	LES AVENTURES DE HUCKLEBERRY FINN	LE PRINCE ET LE PAUVRE	LE TOUR DU MONDE EN QUATRE-VINGTS JOURS	DANDIDE	BEN-HUR	L'HOMME INVISIBLE	LA MACHINE À EXPLORER LE TEMPS	La guerre des mondes	LE PORTRAIT DE DORIAN GRAY

LA RÉSERVE SECRÈTE (Pages 80-81)

En te servant des dates codées et d'une date de naissance que tu connais déjà, peux-tu trouver les dates de naissance des huit suspects ?

Bill Cooper – 22 juin 1868

Elizabeth Knight – 15 septembre 1871

Harriet Wheeler – 24 novembre 1882

Sam Cooper – 14 avril 1901

Vincent Robert – 31 janvier 1883

Stephen Cartwright– 4 janvier 1864

Mary Hawkins – 29 octobre 1889

Richard Novembre – 6 août 1870

Depuis ta visite à la responsable des antiquités, tu sais que la date de naissance d'Harriet Wheeler est le 24 novembre 1882. De ta rencontre avec Mary Hawkins, tu sais que sa date de naissance est le 29 octobre 1889. Bill te dit aussi que son anniversaire tombe un 22 juin (et des photographies du personnel, tu peux déduire que l'anniversaire de Sam Cooper est un 14 avril).

En te servant des informations que tu possèdes, tu peux commencer à déchiffrer les autres dates de naissance.

Harriet est née un 24, Bill un 22 et Mary un 29 ; dans la version codée, ces dates correspondent aux chiffres 91, 99 et 96, donc :

9 = 2 1 = 4 6 = 9

Tu peux en déduire que les dates sont cryptées à l'aide d'un algorithme de substitution dans lequel une chaîne de chiffres (dans ce cas 0, 1, 2, 3, 4, 5, 6, 7, 8 et 9) a été déplacée pour représenter un autre chiffre de la même séquence (comme montré ci-dessous).

Codé	0	1	2	3	4	5	6	7	8	9
Décodé		4					9			2

Ensuite il est possible d'ajouter les chiffres restants pour compléter la seconde séquence, comme cela :

Codé	0	1	2	3	4	5	6	7	8	9
Décodé	3	4	5	6	7	8	9	0	1	2

Toutefois, ce code ne fonctionne pas pour les mois et les années. (La date de naissance de Mary Hawkins est codée 96/09/5223, mais évidemment le mois ne comporte pas de 32e jour et nous savons qu'elle n'est pas née en 8556). Il y a en fait 3 versions différentes de code utilisées pour les jours, les mois et l'année, qui peuvent chacune être décodée de la même manière en utilisant les dates de Mary, de Bill et d'Harriet comme point de départ.

JOUR										
Codé	0	1	2	3	4	5	6	7	8	9
Décodé	3	4	5	6	7	8	9	0	1	2

MOIS										
Codé	0	1	2	3	4	5	6	7	8	9
Décodé	1	2	3	4	5	6	7	8	9	0

ANNÉE										
Codé	0	1	2	3	4	5	6	7	8	9
Décodé	6	7	8	9	0	1	2	3	4	5

TIROIR VERROUILLÉ (Pages 82-83)

Peux-tu trouver le code et déverrouiller le tiroir ?

3 7 5 1 8

Trouve cinq objets parmi ceux présentés dont les initiales correspondent à la première lettre de cinq chiffres.

Rangée 1 – Tête = Trois

Rangée 2 – Scorpion = Sept

Rangée 3 – Collier = Cinq

Rangée 4 – Urne = Un

Rangée 5 – Hibou = Huit

DOSSIERS MÉDICAUX (Pages 84-85)

Peux-tu décoder l'état de santé du patient et les symptômes décrits dans ce rapport médical ?

« Arthrite sévère aux deux mains, provoquant une douleur aux articulations, une poigne faible. »

La clé pour déchiffrer le message est le numéro de dossier, 153. Pour décoder le message, prends simplement une lettre (ou un espace) de la première ligne, puis de la cinquième ligne et enfin de la troisième. Répète cette séquence jusqu'à ce que tu aies utilisé toutes les lettres et les espaces pour épeler l'état de santé et les symptômes.

TRAPPE VERROUILLÉE (Pages 86-87)

Peux-tu trouver le mot à 4 lettres qui te permettra de déverrouiller la trappe ?

SANG

Cette devinette se résout en prenant le début, le milieu et la fin de chacun des mots indiqués. Le début de « savoir » est S, le milieu d'« arranger » est AN, la fin de « bourg » est un G.

ESCALIER EN COLIMAÇON (Pages 88-89)

Peux-tu trouver ce que disent vraiment les panneaux d'avertissement ?

« Pour ouvrir le sarcophage, utilise les quatre chiffres manquants. »

Prends la première lettre de chaque mot des panneaux d'avertissement pour former un nouveau mot. Chaque panneau donne un mot et tous les mots mis bout à bout dans l'ordre te disent comment ouvrir le sarcophage.

PORTE VERROUILLÉE – SOUS-SOL DU MUSÉE (Pages 90-91)

Peux-tu trouver le mot anglais à 6 lettres qui te permettra de déverrouiller la porte du sous-sol du musée ?

JACKAL (chacal)

Écris les lettres sur la porte en te servant des rivets comme grille. Les ensembles de marques tracées sur la pierre sont les coordonnées qui te permettent d'écrire chaque lettre. Le premier ensemble de marques de chaque ligne (à gauche des points médiants) te donne ton axe Y (combien de rangées de haut en bas) et le second ensemble te donne ton axe X (combien de colonnes de gauche à droite). Le premier ensemble (le groupe de gauche) va en effet jusqu'à 9 et il n'y a que 5 colonnes de rivets. Trace une ligne d'un ensemble de coordonnées à un autre pour faire apparaître les lettres.

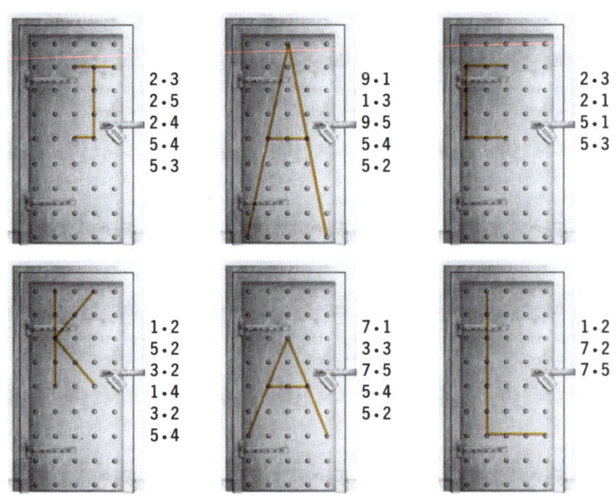

LA RÉSERVE SECRÈTE (Pages 92-99)

Peux-tu faire correspondre les clés avec leurs étiquettes ?

Grand Hall – entrée principale

Grand Hall – porte nord-est

Grand Hall – porte sud

Grand Hall – porte nord-ouest

Grand Hall – porte est

DOSSIERS DU PERSONNEL (Pages 100-101)

Peux-tu faire correspondre chaque numéro d'employé avec chaque membre du personnel ?

Sam Cooper = 2404

Vincent Robert = 0901

Bill Cooper = 9904

Richard Novembre = 0102

Elizabeth Knight = 1101

Mary Hawkins = 2503

Stephen Cartwright = 2201

Harriet Wheeler = 1302

En te servant des 2 règles qui figurent en bas de la note et des photographies du personnel, tu peux trouver les numéros d'employé. Ceux qui travaillent dans le bureau des Relations publiques ont 03 à la fin de leurs numéros. Il n'y a qu'un numéro d'employé se terminant par 03 et uniquement un membre du personnel dont nous savons qu'elle travaille dans le bureau des Relations publiques, donc Mary Hawkins a comme numéro d'employé le 2503.

Quand on regarde la photographie du personnel de 1910, on ne reconnaît que Bill, Richard et Vincent dans le groupe, ce qui signifie qu'ils sont les seuls membres du personnel actuel qui ont commencé à travailler au musée avant 1910. Seuls trois numéros d'employé commencent avec des chiffres qui indiquent que l'employé a commencé à travailler au musée avant 1910 (9904, 0901 et 0102). Nous savons grâce aux règles que les numéros d'employé des responsables/du personnel administratif se terminent par 02 et que Richard est le responsable des sciences, donc le numéro d'employé de Richard doit être 0102. Nous savons que les numéros d'employé des directeurs et du personnel d'encadrement se terminent par 01 et que Vincent est le directeur adjoint, ce qui signifie que son numéro doit être 0901 ; par conséquent celui de Bill doit être le 9904.

En regardant la photographie du personnel de 1921, on voit que Bill, Richard, Vincent, Harriet et Elizabeth sont tous présents. Cela signifie qu'Harriet et Elizabeth ont commencé à travailler au musée entre 1910 et 1921. Deux numéros d'employé commencent par des chiffres indiquant que l'employé a commencé au cours de ces années-là (1101 et 1302). En se servant du système de codage des fonctions, on peut arriver à la conclusion que le numéro d'employé d'Elizabeth (directrice du musée) est le 1101 et que celui d'Harriet (responsable des antiquités) est le 1302.

La photographie de 1921 nous montre aussi que les suspects restants qui ne sont pas sur cette photo (Stephen, Sam et Mary) ont dû commencer à travailler au musée après 1921. Trois numéros d'employé commencent par des chiffres indiquant que l'employé a commencé à travailler au musée après 1921 (2201, 2404 et 2503). Nous savons déjà que le numéro de Mary doit être le 2503 et grâce au système de code des fonctions, nous pouvons conclure que le numéro de Stephen est le 2201 et que celui de Sam doit être le 2404.

JOURNAL DES APPELS TÉLÉPHONIQUES (Pages 102-103)

Peux-tu décoder les numéros de poste du carnet d'appels ?

Les caractères inscrits sur le mur à gauche de la porte sont liés aux casiers des livres qui se trouvent à droite. Chaque étagère comporte un nombre de livres différent.

=

7	5	3
8	4	6
2	1	0

Et la forme des caractères est liée à la forme de chacun des 9 casiers.

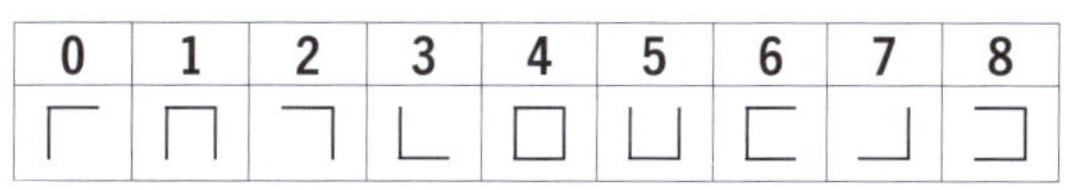

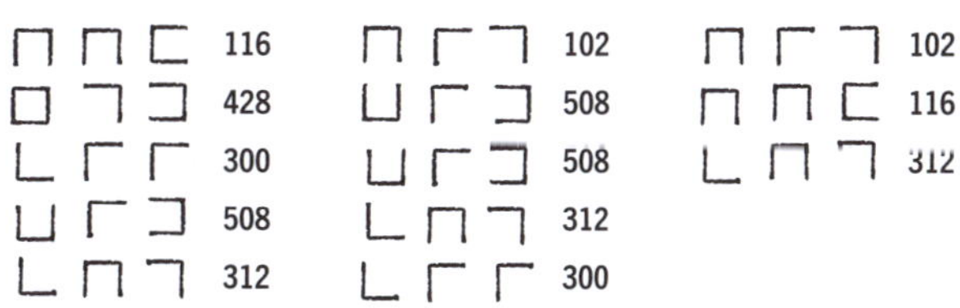

STANDARD TÉLÉPHONIQUE (Pages 104-105)

Peux-tu te servir du standard téléphonique pour faire correspondre les numéros de poste à 3 chiffres avec chaque membre du personnel ?

Bill Cooper = 220

Vincent Robert = 312

Richard Novembre = 116

Mary Hawkins = 508

Harriet Wheeler = 102

Elizabeth Knight = 300

Stephen Cartwright = 428

Sam Cooper = 322

Il suffit de suivre les câbles à partir des lignes externes (qui te donnent le numéro de poste) jusqu'aux entrées, de transférer la position de la fiche des entrées sur les sorties et de suivre le câble suivant jusqu'à la ligne interne pour faire correspondre le numéro de poste avec le nom.

PERSONNEL DU MUSÉE (Pages 106-107)

Peux-tu déterminer les tailles des membres du personnel ?

Stephen Cartwright = 1 m 75

Bill Cooper = 1 m 80

Sam Cooper = 1 m 87

Mary Hawkins = 1 m 77

Elizabeth Knight = 1 m 67

Richard Novembre = 1 m 77

Vincent Robert = 1 m 82

Harriet Wheeler = 1 m 42

Nous voyons Vincent Robert se tenir près de caisses d'emballage d'une hauteur de 1 m 82, donc Vincent doit faire aussi 1 m 82. Nous voyons que Bill Cooper est plus petit que la pile de caisses, il doit donc faire moins d'1 m 82. Bill Cooper doit aussi se pencher pour passer la porte qui est basse. L'affiche au-dessus de la porte nous dit qu'elle a une hauteur de 1 m 72, ce qui signifie que Bill doit faire plus d'1 m 72 et moins d'1 m 82.

Harriet est assise sur une caisse qui fait 35,56 cm de largeur. Comme la caisse est carrée, elle doit faire aussi 35,56 cm de hauteur et elle va du sol jusqu'au genou d'Harriet. Nous voyons grâce au schéma anthropométrique que la mesure du sol au genou est le quart de la hauteur d'une personne. On peut donc trouver la taille d'Harriet en multipliant 35,56 par 4, ce qui donne 1 m 42.

Elizabeth se tient près d'une caisse d'une hauteur de 83,5 cm qui arrive juste en dessous de ses hanches. Nous savons grâce au schéma anthropométrique que la base des hanches est le milieu d'un corps, donc on peut trouver la taille d'Elizabeth en multipliant 83,5 par 2, ce qui donne 1 m 67.

Mary se tient près d'un dodo qui fait 88,9 cm, qui arrive aussi juste en dessous de ses hanches. On peut calculer la hauteur de Mary de la même façon. Mary fait 1 m 77. Stephen est plus petit que Mary, mais il est plus grand que le squelette de dinosaure qui fait 1 m 67. Stephen doit donc mesurer 1 m 75.

Richard est plus petit que le squelette de 144,78 cm placé sur une caisse de 35,56 cm. Ce qui veut dire que Richard fait moins que la hauteur totale de 1 m 80. La seule hauteur restante de la liste inférieure à celle-ci est 1 m 77, ce qui signifie que Richard fait 1 m 77.

Les deux tailles restantes de la liste sont 1 m 80 et 1 m 87. Nous savons que Bill fait plus d'1 m 72, mais moins d'1 m 82, il doit donc mesurer 1 m 80 et Sam doit mesurer 1 m 87.

DÉNOUEMENT (Pages 108-109)

Grâce à toutes les informations que tu as recueillies jusqu'à présent, peux-tu éliminer sept des huit suspects et trouver qui a volé l'Œil du Tigre ?

Mary Hawkins

Les autres suspects peuvent être éliminés comme suit :

Harriet Wheeler – Harriet est superstitieuse et croit fermement à la magie ce qui dérange souvent ses collègues plus cyniques ; elle avait des raisons de voler la pierre pour faire perdurer sa légende. Si tu analyses les indices, tu te rendras compte qu'Harriet a récemment rejoint l'association mystique de Kensington. Le cadeau posé sur son bureau t'indique qu'en tant que membre, elle porte le surnom de Stone Eagle. L'analyse de la scène de crime t'indique que le vol a eu lieu entre 20h30 et 20h32 en soirée, le 17 février 1926. Une note codée de l'association prouve que Stone Eagle participait à sa première réunion secrète à cette heure-là et donc qu'Harriet ne peut pas être le voleur.

Bill Cooper – Bill est un brave homme qui a de mauvaises fréquentations et qui a fini par s'endetter. Il avait des raisons de voler la pierre, pour rembourser ses dettes et se défaire du joug de ses créditeurs. Si tu regardes les dossiers médicaux du personnel, tu verras qu'un membre du personnel souffre d'arthrite sévère aux deux mains. Nous savons que cet employé n'a pas pu défaire les boulons de la colonne. Le membre du personnel souffrant d'arthrite a un poids de 63,50 kg. En calculant les poids grâce aux ascenseurs, tu te rendras compte que le seul membre du personnel à peser 63,50 kg est Bill Cooper, ce qui veut dire que le dossier médical est le sien et qu'il n'a pas pu ouvrir le présentoir et voler l'Œil du Tigre.

Sam Cooper – Sam aurait pu vouloir voler la pierre pour aider son père à se défaire de ses dettes, mais la déclaration fiable du témoin oculaire qui habite de l'autre côté de la rue indique que la silhouette vue avec la pierre faisait moins d'1 m 82. L'enquête a montré que Sam fait 1 m 87. Elle n'a pas pu voler l'Œil du Tigre.

Monsieur Stephen Cartwright – Monsieur Stephen Cartwright est le président du musée. Nous savons d'après sa correspondance que quelqu'un qui est du signe du Capricorne a une relation extraconjugale. En trouvant la date de naissance de Stephen, tu verras qu'il est Capricorne. La correspondance indique aussi qu'il a laissé une paire de chaussures de pointure 10 chez sa maîtresse. L'empreinte du pied du voleur laissée sur la scène de crime était soit une pointure 7, soit une pointure 8 soit une pointure 9. Stephen n'a pas pu laisser son empreinte. Il ne peut pas être le coupable.

Vincent Robert – Robert est le directeur adjoint du musée et a longtemps convoité la place de Madame Knight. Vincent aurait pu vouloir voler l'Œil du Tigre pour ruiner la réputation d'Elizabeth. Cependant, le décodage du journal des appels téléphoniques te montre qu'un membre du personnel était au téléphone dans son bureau (poste 312) au moment du vol. Si tu examines le standard téléphonique du sous-sol, tu verras que le numéro de poste de Vincent est le 312 et qu'il devait donc être dans son bureau au moment où la pierre a été volée. Il ne peut donc pas être le voleur.

Madame Elizabeth Knight – Elizabeth Knight est la directrice du musée et elle a pris une police d'assurance pour l'Œil du Tigre à son nom peu avant le vol. Était-elle juste prudente ou avait-elle prévu de voler la pierre et de bénéficier également de l'argent de l'assurance ? Nous savons grâce à l'empreinte partielle trouvée sur la scène du crime que le voleur avait une forme d'empreinte de boucle ou de spirale. L'examen des empreintes du personnel t'indique que seul un membre n'a pas de boucle ni de spirale comme empreinte. En te servant de chaque numéro d'employé, tu peux conclure que Madame Knight (numéro d'employé 1101) a une empreinte en forme d'arche, elle n'a donc pas pu commettre le délit.

Prof. Richard Novembre – Richard est le responsable des sciences du musée. Récemment, il se plaignait qu'on lui ait réduit le budget qui lui permettait de mener ses recherches. Richard aurait pu vouloir voler la pierre pour financer son travail. Toutefois, nous savons grâce aux déclarations des témoins que le voleur est entré dans le grand hall par la porte nord-ouest. Si tu examines les verrous de rechange du sous-sol et que tu relies les trousseaux de clés de l'armoire aux différents membres du personnel, tu verras que Richard est le seul employé à ne pas avoir de clé de la porte nord-ouest du grand hall, et qu'il aurait été obligé de forcer la serrure pour entrer. Il ne peut donc pas être le voleur.

Par conséquent, Mary Hawkins doit être le voleur.

Le mobile possible de Mary est clair… Elle adore l'Œil du Tigre. Toutes les preuves matérielles renvoient à Mary : sa taille correspond à la fourchette donnée par le témoin fiable, elle était en possession de la clé de la porte nord-ouest du grand hall et son type d'empreinte correspond à celui trouvé sur la scène du crime. Cet indice pourrait aussi impliquer 4 autres suspects : Vincent Robert, Harriet Wheeler, Monsieur Stephen Cartwright et Bill Cooper, mais Vincent et Harriet étaient ailleurs quand le vol a été commis, la pointure de Stephen l'élimine et Bill n'avait pas pu dévisser les boulons de la vitrine à cause de son arthrite. Mary était la seule personne présente alentour au moment de l'heure du crime ; Mary doit donc être le voleur.

LA POURSUITE (Pages 120-121)

Dans quelle pièce du musée se cache Mary Hawkins ?

Le hall des antiquités

D'après ce que déclarent les agents de police, tu sais qu'aucun d'entre eux n'a vu Mary Hawkins s'échapper du grand hall et tu peux déterminer l'endroit où chacun d'entre eux se trouvait.

- Un agent donne clairement son emplacement.
- Un autre agent te dit qu'il était dans une pièce comprenant 4 portes. La seule pièce du musée à avoir 4 portes est la galerie d'art moderne.
- Un troisième agent te dit qu'il regardait une exposition sur la formation de la Terre. Ce ne pouvait être que dans la galerie d'histoire naturelle.
- Un quatrième agent te dit qu'il se renseignait sur les planètes, donc dans l'aile de l'astronomie.
- Un cinquième te dit qu'il était dans un couloir à l'avant du bâtiment. Sur le plan, tu verras qu'il n'y a qu'un couloir à l'avant du bâtiment.
- Le dernier agent te dit qu'il venait de sortir des toilettes et il n'y a qu'un emplacement correspondant figurant sur le plan.

Si tu observes les clés du trousseau de Mary, tu verras qu'elle a uniquement les clés des portes nord-ouest, est et sud du grand hall, ce qui signifie qu'elle n'a pas pu passer par la porte nord-est ni par les portes principales. Deux des agents se tenaient directement à l'extérieur des portes sud et nord-ouest. Par conséquent, Mary doit avoir déverrouillé la porte est du grand hall, tourné à droite et suivi le couloir (en évitant la patrouille des trois autres agents). Puis elle est entrée soit dans le hall des insectes soit dans le hall des antiquités. Cependant, comme nous l'avons déjà rencontrée, nous savons que les insectes la terrifient, on peut donc en déduire qu'elle se cache dans le hall des antiquités.

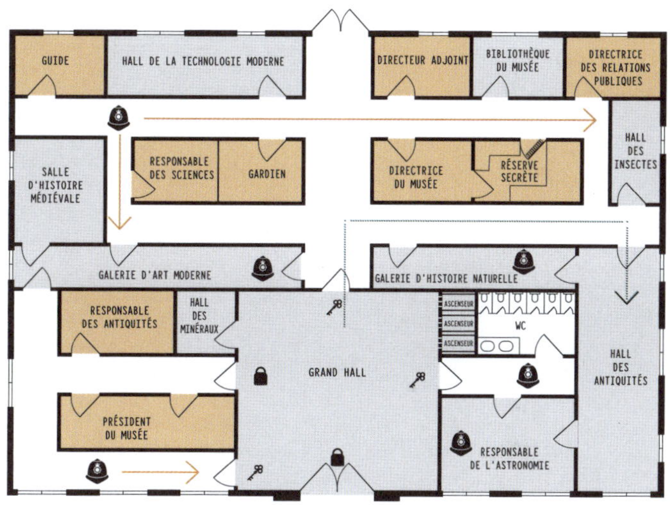

SARCOPHAGE (Pages 122-123)

Peux-tu trouver le code à 8 chiffres et déverrouiller le sarcophage ?

28416491

Ici, les hiéroglyphes n'ont rien à voir avec le mot de passe.

Nous savons grâce aux panneaux d'avertissement de l'escalier en colimaçon (pages 88-89) que pour ouvrir le sarcophage, il faut se servir de quatre chiffres manquants. Les quatre chiffres manquants sont des numéros de pages. Dans cet ouvrage, il n'y a pas de page indiquée aux pages 28, 41, 64 et 91. Mets ces numéros dans l'ordre croissant et tu trouveras le code qui ouvre le sarcophage.

Remerciements

Mark Bentley, Helen Brocklehurst, Catherine Burke, Emil Dacanay, Caroline Jenkins, Rona Kelly, Hannah Lewis, Clive Lewis, Paul Lisberg, Lucy Martin, Gilly Palmer, Rebecca Pitt, Sian Rance, Gavin Reece, Marilia Savvides, Jonathan Sayer, Rob Trup, Kenny Wax, Tig Wallace, Julia Worms & Natalie Yalden.

Enfin, un grand merci à toute l'équipe de Little Brown pour leur travail acharné et à tous ceux qui ont soutenu le lancement de la campagne *The Mystery Agency* 2020, et qui ont permis la concrétisation de ce projet.